O PRIVILÉGIO DE SER MULHER

ALICE VON HILDEBRAND

O PRIVILÉGIO DE SER MULHER

Tradução de Luiza Monteiro de Castro Silva Dutra

ECCLESIAE

O privilégio de ser mulher – Alice von Hildebrand
1ª edição – março de 2014 – CEDET

Impresso no Brasil

Edição original: *Privilege of Being a Woman*, 2005
(The Catholic University of America Press).

Copyright © Alice von Hildebrand

Imagem da capa: Claude Monet, *mulher com Parasol*, 1886.

Os direitos desta edição pertencem ao
CEDET – Centro de Desenvolvimento Profissional e Tecnológico
Rua Ângelo Vicentin, 70
CEP: 13084-060 – Campinas – SP
Telefone: 19-3249-0580
e-mail: livros@cedet.com.br

Editor:
Diogo Chiuso

Tradução
Luiza Monteiro de Castro Silva Dutra

Revisão:
Thomaz Perroni

Ilustração & Capa:
J. Ontivero

Diagramação:
Maurício Amaral

Conselho Editorial:
Adelice Godoy
César Kyn d'Ávila
Diogo Chiuso
Rodrigo Gurgel
Silvio Grimaldo de Camargo

Ecclesiae Editora • www.ecclesiae.com.br

Reservados todos os direitos desta obra. Proibida toda e qualquer reprodução desta edição por qualquer meio ou forma, seja ela eletrônica ou mecânica, fotocópia, gravação ou qualquer outro meio de reprodução, sem permissão expressa do editor.

Sumário

PARTE I
ARGUMENTOS CONTRA O PRIVILÉGIO DE SER MULHER 9
  Argumentos seculares 11
  O Cristianismo e os argumentos contra o privilégio 21

PARTE II
ARGUMENTOS A FAVOR DO PRIVILÉGIO DE SER MULHER 25
  A visão sobrenatural 27

PARTE III
DO PAGANISMO AOS VALORES MODERNOS: A DEPRECIAÇÃO DA MULHER 33

PARTE IV
MULHER: O SEXO PRIVILEGIADO 45
  Fraqueza: prós e contras 48

PARTE V
A TRANSFIGURAÇÃO DA FRAQUEZA: A ENCARNAÇÃO 63

PARTE VI
A MISSÃO SOBRENATURAL DA MULHER 71

PARTE VII
MULHERES E SENTIMENTOS 79

PARTE VIII
O MISTÉRIO DO CORPO FEMININO 93
  O Mistério da Feminilidade 101
  Maternidade 109

PARTE IX
MARIA E O SEXO FEMININO 111

DEDICATÓRIA

Este livro é dedicado com terna gratidão
às minhas caras amigas que amam – todas
elas – ser mulheres.

A Alice Ann Grayson, Barbara Henkels,
Jeanie Smith, Wendy Teichert e Rose
Grimm Teichert

PARTE I

ARGUMENTOS CONTRA O PRIVILÉGIO DE SER MULHER

ARGUMENTOS SECULARES

Como pode ser um privilégio para uma mulher ser chamada de "segundo sexo" (*sexus sequior*), ser considerada menos talentosa, menos forte, menos criativa, menos interessante, menos inteligente, menos artística do que seu correlativo masculino?

Todas as grandes criações do gênero humano foram levadas a cabo por homens: na arquitetura, nas belas-artes, na teologia, na filosofia, na ciência, na tecnologia. A história do mundo é o mais das vezes a história das conquistas dos homens; de tempos em tempos, uma mulher é mencionada, mas nesses casos ela é louvada por suas qualidades "varonis" ou por ter "uma mente viril".[1] Simone de Beauvoir e Simone Weil são freqüentemente enaltecidas por essa mesma razão. Por outro lado, olhamos com desprezo para aquele que é tachado de "efeminado" e "feminil".

De acordo com as estatísticas, a maioria das pessoas prefere ter um filho homem a ter uma menina. E isso é verdade não só em sociedades como a China, onde tradicionalmente garotas são abandonadas e até mesmo assassinadas. Atualmente há um milhão e seiscentas mil recém-nascidas abandonadas.[2] Mais bebês do sexo feminino que do sexo masculino são abortados. Há não muito tempo, o New York Times noticiou que na Coréia as mulheres sentem-se culpadas perante seus maridos quando elas geram "apenas" meninas. Elas não parecem ter ciência de que, biologicamente falando, é o homem quem determina o sexo da criança!

Quem escolheria ter um corpo que a partir da puberdade pode vir a se tornar um incômodo e causar desconforto

---

[1] Cf. Edith Stein, Paris: Editions du Seuil, p. 95-101.
[2] Population Research Institute, Front Royal, VA, tel.: 540-622-5240.

ou mesmo severas dores? Quem escolheria ter enjôos por semanas – quiçá por meses – durante a gestação? Quem escolheria dar à luz em dor agonizante? Ora, quando o Antigo Testamento pretende ilustrar árduas tribulações, ele normalmente recorre ao exemplo de uma mulher em trabalho de parto.[3]

Os homens querem que as mulheres existam, mas eles não querem ser mulheres.[4] Simone de Beauvoir escreve que "os homens são seres humanos; as mulheres são apenas fêmeas".[5] Ela afirma que as mulheres não podem transcender e que não "produzem nada".[6] As mulheres são "meros objetos" que existem a fim de satisfazer os desejos do sexo masculino. Segundo ela, as mulheres estão "enfastiadas com seu próprio sexo".[7] Elas detestam ser mulheres. E isso é o que G. K. Chesterton tinha em mente quando escreveu que uma feminista é alguém que "tem aversão às principais características femininas".[8] Como resultado, a pauta das feministas, embora impulsionada pelo ódio aos homens, visa a virilizar as mulheres para que possam ganhar o controle sobre seus corpos, sobre seus destinos. Uma vez libertadas das amarras biológicas, as mulheres seriam capazes de desenvolver seus talentos que por séculos foram reprimidos pelos tabus sociais. De acordo com Simone de Beauvoir, a escassez de realizações femininas pode ser explicada "pela mediocridade geral de sua situação...".[9]

As líderes feministas encorajam suas discípulas a se tornarem mestras de seus destinos ao invés de se sujeitarem a uma idiossincrasia da natureza. Elas precisariam

---

3   Eclo 7, 27; Is 26, 17; Gen 3, 16.
4   Simone de Beauvoir, *The Second Sex*. Nova York: Alfred Knopf, 1993, p. 140.
5   *Ibid.*, p. 51.
6   *Ibid.*, p. 456.
7   *Ibid.*, p, 518.
8   G. K. Chesterton, *O que há de errado com o mundo*. Ecclesiae, 2013, p. 143.
9   De Beauvoir, *op. cit.*, p. 105.

libertar-se e tornar-se "livres". Para chegar a esse objetivo, as feministas proclamam a identidade de homens e mulheres. Sensato, Chesterton escreveu: "Não há nada que leve à desigualdade tão seguramente quanto a identidade".[10]

Falando abertamente, as mulheres tradicionalmente vêm sendo consideradas "inferiores" aos homens. Eis o preceito da natureza: "a anatomia é um destino".[11] Para advogar sua causa, as acadêmicas feministas foram eficientes no desenterrar coisas torpes que os homens disseram ou escreveram sobre as mulheres. De fato, não se pode negar que muitos homens famosos falaram de maneira depreciativa das mulheres. Aristóteles, por exemplo, refere-se às fêmeas como "machos deficientes".[12] No Antigo Testamento há numerosas declarações sobre as mulheres que estão longe de ser lisonjeiras. Algumas merecem ser citadas: "Qualquer maldade, mas não a maldade de uma esposa".[13] "Preferia morar com um leão e um dragão a morar com uma esposa perversa".[14] "O pecado teve seu começo com uma mulher e por causa dela todos nós morremos".[15] "Uma esposa perversa é parelha de bois que se afrouxa; querer possuí-la é como agarrar um escorpião".[16] "É a mulher que traz a vergonha e a ignomínia".[17] "Achei um homem entre mil, mas entre as mulheres não encontrei nenhuma".[18] "Melhor a maldade do homem do que a bondade da mulher".[19]

---

10 G. K. Chesterton, citado em *Woman and the Philosophers*, The Chesterton Review, XI. 1, fevereiro de 1985, Saskatchewan, Canadá, p. 20.
11 Sigmund Freud, citado em Beauvoir, *op. cit.*, p. 46.
12 Aristóteles, *A geração dos animais*, IV-2.766b-33.
13 Eclo 25, 19.
14 Eclo 25, 23.
15 Eclo 25, 33.
16 Eclo 26, 10.
17 Eclo 42, 14.
18 Eclo 7, 28.
19 Eclo 42, 14.

A Torá não fala do intelecto feminino de modo favorável: "É melhor queimar a Torá do que tentar explicá-la a uma mulher".[20] E alguns Padres da Igreja seguem esse exemplo. O grande São João Crisóstomo escreveu: "Dentre todas as bestas selvagens, não há nenhuma que seja mais nociva do que a mulher".[21] Segundo Lutero, o sentido da vida de uma mulher é procriar:

> O trabalho e a palavra de Deus dizem-nos claramente que as mulheres devem ser usadas ou para o casamento ou para a prostituição. Se mulheres se fartam e morrem ao dar à luz, não há nenhum mal nisso. Deixai-as morrer, contanto que dêem à luz: elas foram feitas para isso.[22]

A visão secularista dificilmente consegue ser mais lisonjeira. Em Hamlet, William Shakespeare escreveu as tão citadas palavras: "Fragilidade, teu nome é mulher".[23] John Milton escreve que "a mulher é um belo equívoco"[24] (que dizer então da mulher que não é bela?, poderíamos nos perguntar). Kant – em uma de suas disposições "modestas" – escreve que "a mulher é menos talentosa e moralmente inferior ao homem".[25] Com brutalidade teutônica, Friedrich Nietzsche escreve: "Quando fores ter com uma mulher, não te esqueças do teu chicote".[26] E Arthur Schopenhauer fala das mulheres com desprezo: "Mulheres são infantis, levianas e imprevidentes [...], crianças por toda a vida".[27] Com sarcasmo e de modo

---

20 Yerushalmi, Sotah 3-4.
21 Citado em F. J. J. Buytendijk, *La Femme: ses modes d'être, de paraître, de exister. Essai de psychologie existentielle*. Paris: Desclée/Brouwer, 1954, p. 66.
22 Martinho Lutero, *Works*, 12.94 e 20.84. Alemanha: Weimar Press, 1883.
23 William Shakespeare, *Hamlet*, Ato I, Cena 1.
24 Em F. J. J. Buytendijk, *op. cit.*, p. 74.
25 Em Buytendijk, *op. cit.*, p. 70.
26 Friedrich Nietzsche, *Thus Spake Zarathustra*. Stuttgart: Alfred Kroener Verlag, 1988, Band 71-91, p. 71.
27 *Selections from Schopenhauer*. Nova York: Charles Scribner, Modern Student's Library, 1928, p. 435.

espirituoso, ele desafoga a repugnância que tinha pela mãe. Seu ensaio sobre as mulheres é uma longa litania de atributos negativos. E ele não apenas deprecia o intelecto da mulher como chega a opor-se a que as mulheres sejam chamadas de "sexo belo". Segundo ele, as mulheres são "o sexo inestético".[28]

Alexandre Dumas escreve que "segundo a Bíblia, a mulher foi a última coisa que Deus fez. Devia ser uma noite de sábado, pois sem dúvida estava cansado".[29] Lord Byron lamenta o fato de os homens não poderem suportar as mulheres, mas não conseguirem viver sem elas.[30] Um pensador alemão – hoje totalmente esquecido – de nome Weininger, fez sucesso ao escrever que "as mentes das mulheres são puro nonsense".[31] Seu livro foi reeditado vinte e cinco vezes. Sigmund Freud fez a curiosa descoberta científica de que toda menina já nasceria com "inveja do pênis" muito antes de saber que esse órgão existe.

As feministas, contudo, têm se esquivado diligentemente de mencionar as belíssimas declarações que homens fizeram ao longo da história, tais como "ela [a boa esposa] é muito mais preciosa do que as jóias"[32] ou "não te prives de uma esposa boa e sábia, pois seu encanto vale mais do que o ouro".[33] Dante canta a glória da donna angelicata (mulher vista como um anjo). Ele imortalizou Beatriz, seu único e grande amor, cuja personalidade é luz e inspiração na vida do poeta, e cuja missão é guiá-lo até Deus. Lamartine refere-se às mulheres como "anges mortels, création divine" ("anjos mortais, criação divina").

---

28 *Ibid.*, p. 441.
29 Citado em Norbert Guterman, *A Book of French Quotations*. Nova York: Doubleday Anchor, 1990, p. 327.
30 André Maurois, *Ariel ou la vie de Shelley*. Paris: B. Grasset, 1946, p. 213.
31 Em Buytendijk, *op. cit.*, p. 73.
32 Pr 31, 10.
33 Eclo 7, 19.

Schiller fala com entusiasmo do sexo feminino.[34] Theodor Haecker alega que a natureza fez a mulher mais perfeita que o homem porque ela é mais inclinada a doar-se e a amar.[35] Os personagens mais nobres nas peças de Claudel são mulheres (por exemplo, Violaine, Sygne). Forçada a encarar essa realidade, Simone de Beauvoir interpreta-a à sua maneira feminista. Ela escreve: "Mas, se suas mulheres [as de Claudel] são assim extraordinariamente entregues ao heroísmo da santidade, é sobretudo porque Claudel as vê numa perspectiva masculina".[36] Como a santidade é privada de valor aos olhos de Beauvoir (como uma pobre substituta das grandes realizações), o mais elevado elogio que se pode fazer a um homem ou a uma mulher – ou seja, a santidade – é, para ela, um mero sarcasmo.

Pode-se explicar de diversas maneiras o fato de haver declarações tão divergentes sobre as mulheres. Em geral é verdade que um homem impuro, ou um viciado em pornografia, lançará um olhar depreciativo sobre as mulheres. Por outro lado, um homem imerso no sobrenatural irá erguer os olhos para o sexo que teve a honra de dar à luz o Salvador do mundo. Ao fim e ao cabo, generalizações injustificadas são típicas de mentes superficiais. Dizer que algumas mulheres são "crianças por toda a vida", que algumas mulheres são sofisticadamente perversas, que algumas são estúpidas e assim por diante, são declarações tão nubladas quanto as afirmações de que alguns homens são boçais, brutos, estúpidos – porque a estupidez, contra a qual os próprios deuses lutam em vão, está perfeitamente bem distribuída entre os dois sexos.

Mas as declarações negativas feitas com relação ao "sexo frágil" – destacadas e repetidas à exaustão pelas feministas – foram disseminadas e são as águas que movem

---

34 Cf. Schiller, *Wuerde der Frauen* ("Dignidade das mulheres").
35 Em Buytendijk, *op. cit.*, p. 279.
36 De Beauvoir, *op. cit.*, p. 229.

seu moinho. Essas palavras são, sem dúvida, parcialmente responsáveis por esse movimento revolucionário que ganhou tanto impulso no mundo contemporâneo.

De acordo com as feministas, as mulheres, sob a pressão da sociedade, aceitaram por séculos sua "inferioridade", e em muitos países elas ainda a aceitam. Mas, agora, nos "países desenvolvidos", o momento é propício para uma reavaliação dessa situação humilhante. Conscientes da injustiça a que estiveram sujeitas, as feministas agora reivindicam seu direito a estar em pé de igualdade com o sexo masculino. Elas supostamente alcançariam esse objetivo competindo com os homens no campo do trabalho, ao invés de se exilarem no Kirche, Kuche und Kinder (os três K's do alemão: igreja, cozinha e crianças). Segundo Simone de Beauvoir, a libertação das servis tarefas domésticas foi a mais nobre façanha do socialismo (e com socialismo, ela quer dizer Rússia soviética).[37] Ela escreve que "[...] os destinos da mulher e do socialismo estão intimamente ligados...".[38] Tal asserção é calorosamente contestada pela autora contemporânea russa Tatiana Goricheva. Falando a respeito da situação das mulheres na Rússia soviética, ela escreve: "E, entre nós, as mulheres sofriam duas ou três vezes mais do que os homens".[39]

Não há como negar que algumas mulheres foram tratadas de maneira abominável por alguns homens. Kierkegaard escreve: "Quantas coisas abomináveis o mundo não viu no relacionamento entre o homem e a mulher – que ela, quase como um animal, foi uma criatura depreciada na comparação com o homem, uma criatura de outra espécie".[40] Também Chesterton admite esse fato:

---

37 Ibid., p. 55 e 112.
38 Ibid., p. 55.
39 Tatiana Goricheva, *Talking about God is dangerous*, Nova York: Cross Road, 1988, p. 86-87.
40 Soren Kierkegaard, *Works of Love*. Nova York: Harper Torchbooks, 1951, p. 139.

"Não nego que mulheres foram injuriadas e até torturadas; mas duvido que algum dia tenham sido torturadas mais do que são agora pelo absurdo propósito da modernidade de torná-las a um só tempo imperatrizes do lar e funcionárias competentes". A solução que ele oferece é "[...] destruir a tirania. Elas [as feministas] querem destruir a condição feminina".[41]

O abuso a que muitas mulheres foram submetidas foi ilustrado diversas vezes na literatura. Recordemos o tratamento brutal dispensado à irmã aleijada de Lebyadkin por seu irmão cruel e bêbado em Os Demônios, de Dostoiévski. Obviamente o grande escritor russo estava remetendo a fatos reais. Essa triste história fez-se realidade no passado e ainda se faz hoje. Não se pode contestar que o chauvinismo masculino não é senão uma combinação de brutalidade e altivez infantil do homem. E parece evidente que, mesmo em face de sua vulnerabilidade física, sua grande sensibilidade, suas intuições mais sutis e seu talento para colocar-se no lugar dos outros, dão à mulher mais possibilidades de alçar ou ferir outros do que têm os do sexo oposto.

Note-se que no Eclesiástico o autor é eloqüente ao falar sobre a perversidade de que as esposas podiam estar imbuídas desde o pecado original, mas não há qualquer menção à brutalidade, ao egoísmo e à dureza de coração de alguns maridos. O autor provavelmente desejava chamar nossa atenção para o fato de que, quando as mulheres são perversas e escolhem trilhar aquilo que Soren Kierkegaard chama de "caminho da perdição", elas muitas vezes ultrapassam a perversidade dos homens. La Bruyère escreve: "As mulheres vão aos extremos em tudo: ou são melhores ou piores que os homens".[42] Kierkegaard defende a mesma tese: "[...] pertence à sua natureza

---

41 G. K. Chesterton, O que há de errado com o mundo, op. cit., p. 110.
42 Em Guterman, op. cit., p. 151.

ser mais perfeita e mais imperfeita do que o homem. Se quisermos aludir à mais pura e perfeita condição, diremos 'mulher'; se quisermos aludir à mais frágil e débil, diremos 'mulher'; se quisermos ilustrar uma condição espiritual acima de qualquer sensualidade, diremos 'mulher'; se quisermos ilustrar a sensualidade, diremos 'mulher'; se quisermos nos referir à inocência em toda a sua majestosa grandeza, diremos 'mulher'; se quisermos fazer alusão ao deprimente sentimento do pecado, diremos 'mulher'. De uma certa forma, portanto, a mulher é mais perfeita que o homem...".[43] Nietzsche segue seu exemplo: *das volkommene Weib ist ein hoeherer typus als der volkommen Mann* (a mulher perfeita é superior ao homem perfeito).[44] Mas ele também escreve que *das Weib ist unsaeglich viel boeser als der Mann* (a mulher é muito mais perversa do que o homem).[45]

Mas será que a resposta feminista a essas desigualdades e injustiças é uma solução que beneficiará a Igreja, a sociedade como um todo, o casamento, a família, ou mesmo as próprias mulheres? Ora, ao desejarem se tornar como os homens, as feministas inconscientemente admitem a superioridade do sexo masculino. Elas insensatamente preferem alterar a desigualdade a buscar a verdade ou a justiça. A feminilidade é um pivô da vida humana: uma vez arrancado, as conseqüências são desastrosas. Na verdade, a experiência nos mostra que o feminismo acaba por beneficiar os homens e prejudicar as mulheres.[46]

O homem, quando livre, é capaz de dar uma resposta adequada a qualquer situação; ele é igualmente livre

---

[43] Soren Kierkegaard, *Either-Or*, pt. II (escrito sob o pseudônimo Victor Eremita). Princeton: Princeton University Press, 1946, p. 77.
[44] Nietzsche, *Menschliches, allzu Menschliches, ibid.*, I.II, 265.
[45] Nietzsche, *Ecce Homo, ibid.*, Band 77, p. 344.
[46] Kierkegaard, *op. cit.*, pt. II, p. 260-261. Cabe notar que a Maçonaria encorajou e promoveu a revolução feminista. Cf. Pierre Virion, *Mysterium Iniquitatis*. Rennes (França): Editions Saint Michel, 1967, p. 141.

para dar uma resposta errada. Uma vez que a natureza humana foi ferida pelo pecado original, os homens estão mais propensos a dar respostas erradas do que certas. E, embora possamos pecar sem a ajuda de ninguém, não somos capazes de fazer o bem sem a graça de Deus, motivo pelo qual devemos rezar humildemente. E isso é algo que muitos deixam de fazer.

O CRISTIANISMO E OS ARGUMENTOS CONTRA O PRIVILÉGIO

SIMONE DE BEAUVOIR ACREDITAVA QUE a Bíblia e particularmente a ideologia cristã tinham grande responsabilidade pela deplorável e humilhante situação em que as mulheres se encontram.[47] Segundo sua leitura, desde o Gênesis a mulher tem sido declarada uma serva do homem. Ela deve ser obediente e submissa e aceitar sua inferioridade sem revolta. Estar numa posição subordinada é o desígnio de Deus para ela; esse é o meio de alcançar sua salvação. Ela será exaltada na medida em que admitir e aceitar sua servidão. Adão foi criado antes de Eva. Para Beauvoir, isso significa que ela era algo secundário. Ela foi formada da costela de Adão e criada para servir de companhia a alguém que se sentia irremediavelmente só.

Foi ela quem se rendeu à astuciosa promessa da serpente; foi ela quem deu o fruto proibido a seu marido e com isso causou a ruína dele e a nossa. Embora ambos os culpados tenham sido severamente punidos com a perda da vida de graça e com a perda dos dons preternaturais[48] que lhes haviam sido concedidos – incluindo a imortalidade do corpo, a imunidade à doença e à dor –, ela recebeu um castigo mais severo que seu marido. É verdade que ele foi condenado a ganhar seu pão com o suor do seu trabalho (uma punição que milhões de mulheres compartilham com os homens), mas ela foi punida na esfera que era sua glória – a maternidade. A partir daí

---

47 De Beauvoir, *op. cit.*, p. 97.
48 "Compreende três grandes privilégios que, sem mudarem a natureza humana substancialmente, conferem-lhe uma perfeição à qual ela não tinha o mínimo direito: a *ciência infusa*, o *domínio das paixões* ou a isenção da concupiscência, a *imortalidade do corpo*" – A. Tanquerey; *Compêndio de Teologia Ascética e Mística*, Cap. I, art. II, ¶ 61.

ela foi condenada a dar à luz em dores e angústia. Além disso, foi declarada "sujeita a seu marido". Seu status de inferioridade foi selado.

De acordo com Beauvoir, essa inferioridade é confirmada no Novo Testamento. Não foi a própria Maria que se declarou "a escrava do Senhor"? Ela escreve: "é somente aceitando-se como serva que a mulher recebe o direito à mais esplêndida deificação".[49] De acordo com a feminista francesa, sua derrota definitiva é selada quando, depois de dar à luz um menino, ela se ajoelha diante d'Ele e O adora. Esse ato de adoração constituiria "a suprema vitória masculina".[50] Beauvoir toma a liberdade de adicionar esse ajoelhar-se ao Evangelho de São Lucas, que só nos diz que ela "O envolveu em faixas e O colocou numa manjedoura...".[51] Além disso, a feminista francesa "se esquece" de mencionar que São Paulo nos diz que todo joelho deve se dobrar diante do Salvador e, como joelhos não têm sexo, os homens certamente estão incluídos![52] Os humildes pastores foram nesse momento informados que "hoje, na cidade de Davi, nasceu para vós um Salvador...".[53] Esses homens simples apressaram-se para prestar uma homenagem ao Rei recém-nascido. Os Magos aristocratas seguiram seus passos e São Mateus informa-nos que "eles se prostraram e O adoraram".[54] Ela também se esquece de mencionar que, se todos os joelhos devem se dobrar diante do Salvador, todas as cabeças devem se curvar diante de Sua mãe.[55]

---

49 *Ibid.*, p. 172.
50 *Ibid.*, p. 171.
51 Lc 2, 7.
52 Fl 2, 10.
53 Lc 2, 11.
54 Mt 2, 11.
55 Guéranger, *The liturgical year*, Volume v. Westminster: The Newman Press, 1949, p. 172.

A leitura feminista da Bíblia é inevitavelmente obstaculizada por sua filosofia; na verdade, elas estão reescrevendo este inspirado livro de acordo com suas próprias "inspirações" subjetivas. Ao longo do caminho, isso as leva paradoxalmente a colocar as mulheres no vértice da criação e a proclamar a superioridade do sexo feminino. Deus torna-se Deusa, e Cristo será rebatizado Crista! Com uma visão secularista, a guerra entre os sexos é inevitável.

PARTE II

ARGUMENTOS A FAVOR DO PRIVILÉGIO DE SER MULHER

A VISÃO SOBRENATURAL

A FIM DE COMPREENDER A GRANDEZA da missão da mulher, precisamos abrir nossas mentes e corações para a mensagem do sobrenatural. Eis a chave que nos há de revelar a grandeza da feminilidade. Uma coisa é ler um texto; outra é interpretá-lo corretamente. Ora, todos os argumentos que parecem favorecer a tese de que a Bíblia discrimina as mulheres do começo ao fim podem ser facilmente revertidos se interpretarmos as Sagradas Escrituras com os olhos da fé.

Que os homens e as mulheres são perfeitamente iguais em dignidade – pois que ambos foram feitos à imagem e semelhança de Deus – não se pode contestar. Mas o fato de ter sido criada depois não indica inferioridade. Na verdade, seria mais razoável argumentar a existência de uma linha ascendente na criação: seres inanimados, plantas, animais inferiores, o homem e, finalmente, a mulher. Obviamente não estamos supondo que a mulher, por ter sido criada posteriormente, é superior ao homem. Nós apenas queremos mostrar que o argumento usado para provar sua "inferioridade" não é válido e pode ser virado do avesso.

O fato de que o corpo de Eva foi formado a partir da costela de Adão também poderia ser facilmente interpretado como sinal de uma especial dignidade, de preciosidade: pois se perfazer a partir do corpo de um ser humano (feito à imagem e semelhança de Deus) é definitivamente mais nobre do que ser formado da poeira da terra.

De fato a punição a que Eva foi submetida, assim como de Beauvoir salienta, foi particularmente severa. Conforme já se mencionou, ao referir-se a dores excruciantes, o Antigo Testamento menciona as dores do parto. Mas, à luz da redenção (que deu ao sofrimento um sentido sublime), sofrer uma agonia para trazer outro ser humano ao mundo é uma antecipação dos sofrimentos de Cristo, cujo sangue nos redimiu. Fica sugerido que, se Eva carrega uma grande responsabilidade pela tragédia do pecado original, a nova Eva desempenhará um papel cardeal no trabalho da redenção. Santo André de Creta escreve: "As mulheres aplaudem, pois se em outro tempo foi uma mulher quem serviu de imprudente ensejo para o pecado, agora é também uma mulher quem traz os primeiros frutos da salvação".[56] Kierkegaard escreve: "estou persuadido de que, se foi uma mulher que arruinou o homem, também foi uma mulher que justa e honestamente fez a reparação e ainda continua a fazê-la...".[57] Mais adiante falaremos mais sobre o assunto.

O Novo Testamento destaca magnificamente o papel glorioso atribuído às mulheres. Na Anunciação, o anjo Gabriel dirige-se a uma jovem virgem comprometida com José. A ela é oferecido o tremendo privilégio de conceber do Espírito Santo e tornar-se mãe do Salvador. Ela se declara serva do Senhor e concebe o Santo. São José – homem e noivo – não estava presente nesse momento e não foi informado do milagre espantoso que acontecera àquela que ele amava. A humilde virgem de Nazaré está sozinha, no centro da cena. É apenas quando percebe que ela está grávida que ele é informado, em um sonho, do mistério que se deu no ventre de sua casta noiva. O Evangelho silencia sobre os sofrimentos por que Maria deve ter passado até que José finalmente fosse informado que se comprometera com a mais bendita das mulheres. Devem tê-los sustentado uma fé e uma confiança em Deus imensas durante esse tempo de provação. A Revelação limita-se a dizer-nos o que precisamos para nossa Salvação; muitos mistérios sagrados são deixados no escuro.

---

56 *Glimpses of the Church Fathers*, editado por Claire Russell. Londres: Scepter, 1996, p. 506.
57 Kierkegaard, *op. cit.*, pt.II, p. 174.

Somente na eternidade teremos o privilégio de contemplar a integralidade dos amorosos planos de Deus.

Voltando-nos para as práticas da Igreja, não é por acaso que sete das quinze dezenas do rosário são dedicadas a Maria, destacando novamente seu papel único na economia da redenção. Além disso, as estações da cruz honram as mulheres. A quarta estação ilustra o Salvador encontrando sua amada mãe; nenhuma palavra é dita sobre este encontro de partir o coração, mas os fiéis têm nas mãos o desafio de meditar reverentemente essa cena de amor e sofrimento supremos que palavras não poderiam exprimir. É verdade que Simão de Cirene ajudou Cristo a carregar a cruz, mas São Lucas lembra-nos que "ele foi forçado" a fazê-lo.[58] As santas mulheres certamente o invejaram: com que amor teriam elas acolhido a possibilidade de participar fisicamente dos sofrimentos dAquele que amavam tão ardorosamente! Verônica enxugou piedosamente a face de seu Salvador. As mulheres de Jerusalém choraram o destino do Santo injustamente condenado à morte, enquanto os soldados maltratavam-nO brutalmente. As santas mulheres reúnem-se todas aos pés da cruz. Nenhuma delas teve o privilégio de ver Cristo transfigurado no monte Tabor, mas elas estavam com Ele no momento da crucifixão. Isso também é profundamente significativo: não lhes foi dado vê-lO "ferido por Deus e humilhado", "esmagado por nossas iniqüidades".[59] Os apóstolos haviam fugido. Apenas São João, o discípulo que Jesus amava, retornou; e foi a ele que o Salvador, pouco antes de morrer, confiou Sua mãe, com as palavras: "eis a tua mãe".

A primeira testemunha da ressurreição foi também uma mulher, Maria Madalena. Os apóstolos recusaram-se a acreditar em seu testemunho e ainda fizeram a tola

---

58 Lc 23, 26.
59 Is 53, 4-5.

observação de que aquilo não passava de "bobagens de mulheres". Ela sabia que havia recebido o privilégio de ver o Senhor ressuscitado e não tentou justificar-se. Sabia que Aquele que amava viria em sua defesa, aparecendo àqueles cuja fé vacilara. Há quem goste de pensar que, mais tarde, os apóstolos pediram desculpas a Maria Madalena por terem rejeitado seu testemunho, mas as Sagradas Escrituras silenciam quanto a isso; esses são segredos que só nos serão revelados na eternidade. Ela certamente não deve ter pedido que se desculpassem (um verdadeiro cristão nunca o faz), pois naquele momento seu coração transbordava de alegria, ciente de que Ele erguera-se de entre os mortos e não tornaria a morrer. Ela sabia que Ele vencera a morte, numa vitória triunfante. Maria Madalena tinha uma fé mais sólida porque amava mais.

No Apocalipse, mais uma vez o papel das mulheres no Novo Testamento é gloriosamente destacado. A São João foi dado ver uma mulher tão resplendente quanto o sol e coroada de estrelas. Por misterioso que esse escrito possa ser, temos mais uma chance de ver quão injusto e ignorante é acusar o cristianismo de ter menosprezado as mulheres e de ter dado a elas um papel insignificante.

Quando abandonamos uma interpretação secularista da Bíblia, somos capazes de perceber que, do ponto de vista sobrenatural, na verdade as mulheres receberam uma posição privilegiada na economia da redenção. Aqueles que persistem em usar as lentes do secularismo têm olhos, mas não vêem, têm ouvidos, mas não escutam. Pois a Bíblia não pode ser compreendida a menos que dela nos aproximemos com uma atitude de humilde receptividade, ou seja, "de joelhos", como colocou Kierkegaard. Os chamados especialistas em estudos "bíblicos" podem saber aramaico e grego, mas interpretam mal a mensagem divina, porque seus "estudos" desvirtuaram-lhes a fé. Uma recusa tácita em receber a mensagem de Deus – por orgulho intelectual – é punida com a cegueira.

Quando assumimos que as mulheres foram constantemente menosprezadas, humilhadas e depreciadas ao longo da história da humanidade, precisamos ter em mente que os culpados sempre foram alguns homens em particular, manchados pelo pecado original e ansiosos por se colocarem acima dos outros, muitas vezes para compensar sua própria mediocridade.[60] Uma coisa é certa: a Igreja Católica, que elevou as mulheres a uma dignidade extraordinária, é e sempre foi um bode expiatório muito conveniente para seus detratores. É psicologicamente satisfatório encontrar uma instituição na qual pôr a culpa por todos os males que afligem o mundo, enquanto o acusador se enrola no manto confortável da irrepreensibilidade! Pessoas ignorantes recusam-se a distinguir entre a santidade da Igreja como esposa de Cristo e sagrada mestra e as ações lamentáveis de muitos de seus filhos rebeldes e desobedientes. A Igreja garante a todos os seus filhos os meios necessários para alcançarem a santidade, mas ela não pode forçá-los a se tornarem santos. Há que lembrar que algumas vezes a Igreja é censurada por abusar de sua autoridade e "impor" seus ensinamentos dogmáticos e morais a seus filhos sem nem os consultar. Contudo, outras vezes criticam-na por não usar de sua autoridade para forçá-los a viver de acordo com o Evangelho.[61]

---

[60] Meu marido costumava lembrar que muitos dos nazistas mais fanáticos foram recrutados entre indivíduos extremamente medíocres que, depois de se descobrirem "bestas louras", súbito pavoneavam e clamavam superioridade sobre indivíduos de grande talento que, contudo, não desfrutavam do "privilégio" de pertencer à raça nórdica.

[61] Cf. *First Things*, novembro, 1999. Numa carta ao editor, Robert Alpert acusa violentamente Pio XII por seu "silêncio" durante a Segunda Guerra Mundial. De acordo com o autor, esse grande papa deveria ter preferido represálias contra os cristãos a manter um silêncio covarde. Ele escreve: "É central na fé cristã, segundo entendo, passar por um período de provações em que precisamos arriscar nossas vidas e, se necessário, oferecê-las" (p. 12). Pio XII denunciou o anti-semitismo em 1938 em *Mit Brennender Sorge*. Uma série de denúncias poderia ter estendido ainda

***

O menosprezo da mulher é claramente uma triste conseqüência do pecado original, que subverteu a hierarquia de valores. Ao desejarem se tornar iguais a Deus (sem Deus), Adão e Eva estavam, na verdade, revoltando-se contra sua condição de criaturas, ou seja, contra sua dependência total de Deus. Ele era o criador; eles estavam sujeitos a Ele. O pecado original foi um pecado de orgulho, de desobediência, de irreverência e de revolta metafísica que levou a uma inversão da hierarquia de valores.

Ao terem a arrogância de se declararem iguais a Deus, Adão e Eva declararam guerra a essa hierarquia. E, uma vez quebrado o equilíbrio, sobreveio uma série de conseqüências particularmente ominosas para as mulheres. Assim como as almas de nossos pais revoltaram-se contra Deus, seus corpos revoltaram-se contra suas almas, às quais estavam sujeitos. E então eles se deram conta de que "estavam nus". Em outras palavras – e isso foi maravilhosamente comentado pelo Santo Padre João Paulo II –, a concupiscência entrou no mundo e declarou guerra ao amor esponsal que, até aquele momento trágico, fora o tema glorioso e a coluna vertebral do relacionamento entre nossos primeiros pais: uma ternura que se expressa no abraço marital.

---

mais o horror, não só aumentando a aversão de Hitler pelos judeus, mas também sacrificando um número significativo de cristãos. O papa não poderia ordenar um martírio coletivo, como disse a meu marido numa audiência privada em janeiro de 1936. De acordo com o Sr. Alpert, Pio XII deveria ter "obrigado" os católicos alemães ao martírio. Mas essa morte heróica deve ser abraçada livremente. Um cristão legítimo não julga as *intenções* dos outros, não os repreende por não terem sido "heróicos". Ele deve rezar pela graça de ser, ele próprio, um herói quando a situação pedir o martírio. As seguintes palavras de Cristo aplicam-se a este caso: "Não julgai e não sereis julgados".

PARTE III

DO PAGANISMO AOS VALORES MODERNOS: A DEPRECIAÇÃO DA MULHER

O MUNDO EM QUE AGORA VIVEMOS é um mundo cuja perspectiva está tão distorcida que nós absolutizamos o que é relativo (dinheiro, poder, sucesso) e relativizamos o que é absoluto (verdade, moral, valores e Deus).[62] Poder, riquezas, fama, sucesso e dominação são idolatrados; humildade, castidade, modéstia, sacrifício e serviço são vistos como sinais de fraqueza. Esta última frase – que soa como uma apresentação da filosofia de Nietzsche em poucas palavras, pois apresenta a glorificação da força e a depreciação da fraqueza – tornou-se o raso núcleo do pensamento moderno e da crença feminista.

A gravidade da ofensa de nossos primeiros pais foi tal, que se lhes tornou impossível recuperar o dom inestimável da vida sobrenatural. Só Deus poderia fazê-lo e, em sua infinita misericórdia e bondade, Ele escolheu enviar-nos Seu Filho único para levar a cabo nossa redenção com sua morte no Calvário. Assim, como cada pecado traz consigo sua punição, não é surpreendente que hoje tenhamos nos tornado tão moralmente cegos (pois a maldade cega), a ponto de gastarmos fortunas para salvar filhotes de baleia enquanto assassinamos milhões de bebês nas barrigas de suas mães.[63]

A consciência do homem foi de tal forma eclipsada por suas repetidas infidelidades para com Deus que esses assassinatos ultrajantes já não são registrados como crimes que bradam aos céus. Assassinos de bebês vão dormir com a consciência tranqüila e com a satisfação de terem sido "eficientes". Bernard Nathanson, em seu fascinante livro The Hand of God, relata que, depois de fazer um aborto, ele tinha a prazerosa sensação de que havia

---

62 Soren Kierkegaard, *Concluding Unscientific Postscript*. Princeton: Princeton University Press, 1992, p. 386.
63 Cf. Sb 2, 16 e 2, 21. A nomeação de Peter Singer – o apóstolo dos "direitos dos animais" e praticamente da igualdade entre homens e animais – como professor de bioética na Universidade de Princeton é um exemplo eloqüente dessa tendência à cegueira moral.

realizado seu trabalho e "libertado" uma mulher grávida de um peso odioso para ela. Bebês humanos são baratos de fazer; filhotes de baleia são muito mais caros.

As mentes de nossos primeiros pais foram obscurecidas pelo pecado, suas vontades foram enfraquecidas; seus juízos, distorcidos. Comprometida a hierarquia de valores, as realizações dos homens passaram a ser supervalorizadas. A força física passou a ser glorificada e a fraqueza a ser menosprezada, tida como prova de inferioridade. Eis o que está escrito no livro da Sabedoria em referência à linguagem do incrédulo: "Que a nossa força seja a regra da justiça, pois o fraco, na verdade, é inútil".[64]

A Ilíada de Homero ilustra isso. Os heróis gregos são fortes, saudáveis, vitoriosos. Aqueles que são derrotados e subjugados merecem se tornar escravos; eles são claramente inferiores. Há que lembrar que muitas culturas notáveis foram derrotadas por tribos primitivas com pouca ou nenhuma cultura, mas com muita intrepidez e resistência física.[65] Junto da superestimação da força e da virilidade vinha uma superestimação das conquistas, feitos, performances, sucessos. Em nossa sociedade, ser um self-made man desperta a reverência das pessoas. Uma Oprah Winfrey ou mesmo um Bill Clinton inspiram nas pessoas um sentimento totalmente ilegítimo de admiração. Mas sucesso não é garantia de grandeza autêntica. Muitos salafrários foram incrivelmente bem sucedidos; incrivelmente bem sucedidos apenas para sua própria comodidade. O pecado original cega-nos para o fato de que todas essas façanhas – muitas vezes conseguidas com a ajuda da crueldade, da esperteza ou por pura sorte – não têm valor algum à luz da eternidade. Deveríamos sempre nos perguntar: Quid est hoc ad aeternitatem? ("O que é

---

64 Sb 2, 11.
65 Cf. Dietrich von Hildebrand, *The Trojan Horse in the City of God*. Manchester: Sophia Institute Press, 1999.

isso à luz da eternidade?"). Na verdade, apenas pó e cinzas. Ninguém adentra os portões do céu por ser milionário; ninguém se faz digno de ver a Deus pelo simples fato de ser "famoso". Na verdade, a "sabedoria" mundana é pura tolice. Isso foi notado por Sócrates e repetido enfaticamente por São Paulo: "A loucura de Deus é mais sábia do que os homens, e a fraqueza de Deus é mais forte do que os homens".[66] Em contraste com o sobrenatural, a futilidade do elogio humano torna-se evidente.

Outra conseqüência desse equilíbrio rompido é que tendemos a superestimar a "criatividade". Para ser bem sucedido no mundo contemporâneo é preciso ser "inventivo". A criatividade tem sim seu lado positivo, mas a pergunta crucial não é se alguém é "criativo", mas antes é preciso perguntar "o que ele cria"? Não faz sentido louvar um tipo inovador de arquitetura sem se perguntar se ela é ou não bela. Reverenciar alguém pelo número de livros e artigos publicados sem investigar se eles são verdadeiros é outro grande equívoco. A visão distorcida que está hoje em voga inevitavelmente leva as feministas a sobrevalorizarem a "criatividade", a "novidade" e a "moda", a mudança pela mudança. Isso provoca a curiosidade das pessoas e lança-as no vórtice de uma total instabilidade metafísica. É outra maneira de desviar a atenção das "verdades eternas" e dos valores imutáveis.

O espírito dos tempos ensina-nos que hoje tudo depende do que está na moda, do que as pessoas desejam. Nesse clima espiritual, a tradição está condenada. O passado é menosprezado, tomado por algo "morto", como não tendo nada a oferecer para o "homem moderno".[67] Como as mulheres são mais fracas do que os homens, não costumam ficar sob os holofotes tanto quanto eles

---

[66] 1Cor 1, 25.
[67] Em *The Trojan Horse in the City of God* (p. 153-154), Dietrich von Hildebrand questiona o conceito de "homem moderno".

e são menos "criativas" do que o sexo forte, elas estão condenadas a serem vítimas de uma distorcida hierarquia de valores. É decerto deplorável e triste ver como as mulheres foram vitimadas por essa distorção da hierarquia de valores; mas é ainda mais lastimável constatar que as feministas alimentaram ainda mais essa inversão. Aprisionadas na cela espiritual das categorias seculares, elas não conseguem entender que sua verdadeira missão é nadar contra a corrente e, com a graça de Deus, ajudar a restaurar a correta hierarquia de valores.

* * *

Ao corresponder a seu chamado, as mulheres conseguirão garantir um reconhecimento adequado do valor singular da feminilidade e de sua missão crucial no mundo. Isso é comprovado por inúmeros testemunhos. Um escritor francês chamado Vinet escreveu que o valor de um povo deve medir-se pelo valor de suas mulheres ("Un peuple vaut ce que valent ses femmes").[68] Homens fortes muitas vezes são coagidos por mulheres, especialmente por suas esposas. Em sua biografia de Gandhi, Louis Fisher escreve que "Gandhi não temia nem homens, nem governos, nem a prisão, nem a pobreza, nem a morte. Mas temia sua mulher".[69] No mesmo livro, ao referir-se ao conflito entre Índia e Paquistão, ele escreve que "as mulheres muçulmanas são a verdadeira força por trás de seus homens".[70] O medo que as esposas podem despertar em seus maridos também é salientado por Michael Scammell em sua biografia de Solzhenitsyn. Ele escreve: "Aparentemente onipotente em seu confronto contra o governo soviético, [...] ele ainda se via impotente diante

---

68 Citado em Paul Evdokimov, *La Femme et le Salut du Monde*. Paris: Casterman, 1958, p. 162.
69 Louis Fischer, *The Life of Mahatma Ghandi*. Nova York: Harper Collins, 1983, p. 179.
70 *Ibid.*, p. 427.

da ira de uma mulher rejeitada".[71] No livro *Catherine the Great*, Joan Haslip escreve que "ele [Estanislau II da Polônia] estava radiante com os membros femininos de sua corte, pois as mulheres eram muito mais espertas e mais bem educadas. Quem visitava a Polônia sempre saía impressionado com a óbvia superioridade das mulheres e seu interesse em política e artes".[72] Em seu livro sobre Adolf von Hildebrand, Isolde Kurz relata que a esposa do artista, Irene, contou-lhe que, desde a morte de Fieldler, as amizades que seu marido mais prezava eram amizades femininas.[73] Em suas memórias, *Erlebte Weltgeschichte*, o famoso educador F. W. Foerster afirma que na França as mulheres eram definitivamente "o sexo forte".[74] Pearl Buck escreve que, na China, "em geral, os homens eram inferiores às mulheres, e suponho que isso se desse porque os garotos eram mimados demais em suas casas [...], de forma que as mulheres chinesas geralmente desenvolviam um caráter mais forte".[75] Ela também cita as palavras de Confúcio: "Onde a mulher é leal, nenhum mal pode suceder. A mulher é a raiz e o homem, a árvore. A árvore só cresce quando a raiz é forte"[76]; "A mulher é o que há de mais forte na terra".[77] Albert Speer, arquiteto pessoal de Adolf Hitler, escreve em suas memórias que "geralmente as esposas dos figurões do regime resistiam muito melhor que seus maridos à tentação do poder [...]; elas olhavam as ações grotescas de seus maridos com uma secreta reserva".[78] Obviamente, a força que esses homens notaram nas mulheres não tem que ver com habilidades exteriores

---

71 Michael Scammell, *Solzhenitsyn*. Nova York: W.W. Norton Co., 1984, p. 726.
72 Joan Haslip, *Catherine the Great*. Nova York: Putnam, 1976, p. 170.
73 Isolde Kurz, *Der Meister von San Francesco*. Tübingen: Wunderlich, 1931, p. 70.
74 F. W. Foerster, *Erlebte Weltgeschichte*. Nuremberg: Glock und Lutz, 1953, p. 444.
75 Pearl Buck, *My Several Worlds*. Nova York: John Day, 1957, p. 152.
76 Pearl Buck, *The Dragon Seed*. Nova York: John Day, 1941, p. 95.
77 *Ibid.*, p. 232.
78 Albert Speer, *Inside the Third Reich*. Nova York: MacMillan, 1970, p. 146.

e físicas, mas com o poder moral que uma mulher pode possuir.

Esses elogios deixam bastante claro que a "fraqueza" do sexo feminino no que diz respeito a grandes feitos e produtividade pode ser mais do que compensada por sua força moral quando ela atende a seu chamado. Ou seja, quando ela ama. A influência que ela pode exercer sobre seu companheiro é enorme e não se manifesta em ordens, mas através do exemplo e de uma delicada persuasão. Mas, quando ela trai sua missão, ela pode ser a ruína do homem. Ela tem, pois, um papel-chave. Kierkegaard escreveu que "a mulher é a consciência do homem".[79] Mas sua consciência tem de ser iluminada pela fé e alentada pelo amor verdadeiro; não deve ser uma consciência distorcida por um relativismo egocêntrico.

Mas as feministas – cegadas pelo secularismo – fazem algo que, na verdade, levará a uma piora na situação da mulher. As feministas são o pior inimigo das mulheres. Elas não só fracassarão na tentativa de se tornarem iguais aos homens, como também colocarão em risco a sublime missão confiada às mulheres. Kierkegaard escreve: "Odeio toda essa conversa sobre emancipação da mulher. Deus não permita que isso se dê. Essa idéia trespassa meu coração, provocando uma dor e uma exasperação indizíveis. Não tenho como descrever o ódio que sinto de cada pessoa que dá ouvidos a essa conversa. Meu conforto é saber que aqueles que proclamam essa sabedoria não são sábios como serpentes, mas, em sua maioria, são uns cabeças-duras cujos disparates não são capazes de causar dano algum. [...] Nem o mais vil dos sedutores pensaria numa doutrina mais perigosa para a mulher, pois, depois de fazê-la crer nisso [no que é apregoado pelas feministas], ela estará completamente em suas mãos, à mercê das

---

[79] Soren Kierkegaard, *Either-Or*, pt. II (escrito sob o pseudônimo Victor Eremita). Princeton: Princeton University Press, 1946, p. 56.

vontades dele, e não será para ele nada além de objeto de suas fantasias, isso quando, como mulher, ela poderia ser tudo para ele".[80] Nietzsche teve uma nítida percepção de que a emancipação das mulheres era um sintoma de que seus instintos femininos estavam enfraquecendo.[81] Ele afirma que essa "emancipação", na verdade, corresponde à "masculinização" da mulher.[82]

Toda a tragédia do feminismo contemporâneo – que o cardeal Joseph Ratzinger considera uma das maiores ameaças à Igreja – tem sua origem na falta de fé e na perda do sentido do sobrenatural. O feminismo é inconcebível num mundo enraizado em valores judaico-cristãos. Mas é no Novo Testamento que se manifesta a glória da missão e vocação da mulher, na pessoa da Santa Virgem de Nazaré, que aceitou ser a mãe do Redentor, embora permanecendo virgem (conforme profetizado por Isaías). Uma vez que a visão espiritual severamente distorcida pelo pecado original é corrigida pelas lentes da fé, estamos em condição de compreender a criação de Deus como Ele a queria e de rejeitar com horror a perspectiva oferecida pelas lentes deformadoras do secularismo.

Entretanto, vivemos em um mundo tão profundamente mergulhado no secularismo, que muitos de nós sequer têm noção de que somos influenciados por essa desastrosa ideologia. Há inclusive alguns cristãos devotos e fiéis que se sentiriam ofendidos se acusados de estarem manchados pelo espírito dos tempos (ou *Zeitgeist*), e, contudo, em certas situações concretas, suas atitudes denunciam que a fumaça do secularismo já penetrou os pulmões de seus espíritos e, subindo até o cérebro, tingiu seus juízos. É somente tomando consciência do perigo do *Zeitgeist* e purgando-nos diariamente dessa desastrosa

---

80 *Ibid.*, p. 260-261.
81 Nietzsche, *Beyond Good and Evil, ibid.*, Band 76, p. 167.
82 Nietzsche, *Die Unschuld des Werdens, ibid.*, Band 82, p. 311.

influência que poderemos esperar nos libertarmos desse sutil veneno. Em suas Memoirs, meu esposo[83] destaca constantemente o fato de que muitos católicos fiéis e sinceros estavam infectados pelo veneno do nazismo sem se darem conta disso.

Outra conseqüência deplorável dessa visão secularista é a alegação de que "servir é degradante".[84] O serviço é visto como anti-democrático e humilhante; e a humildade é uma virtude que já não tem lugar no mundo secularizado, um mundo que fica perplexo e confuso com as palavras do Salmo:[85] "É bom para mim ser humilhado, pois assim posso aprender teus estatutos". Mais uma vez, esse erro inevitavelmente leva ao menosprezo da mulher, cuja missão tradicionalmente tem sido servir – a exemplo de Nosso Senhor, que disse: "Não vim para ser servido, mas para servir".[86] Como alguém, meditando essas palavras, pode chegar à conclusão de que o serviço – uma forma de amor – é degradante? Um dos mais gloriosos títulos do Santo Padre foi introduzido por Gregório VII, que o chamava de servus servorum Dei ("servo dos servos de Deus"), pois foi dada autoridade ao papa não para sua vantagem pessoal, mas para o benefício daqueles que foram confiados aos seus cuidados. Ai do pontífice que abusa de sua autoridade e se aproveita do poder que lhe foi dado! Ai daquele cuja ambição foi o leitmotiv de sua ascensão ao trono pontifício! Os dignos de tal honra são aqueles que não a buscam, que sequer a desejam.[87] O que caracteriza a santidade é a prontidão sem limites para

---

[83] Dietrich von Hildebrand, filósofo e teólogo católico, muito admirado pelos Papas João Paulo II e Bento XVI.

[84] Gabriel Marcel, *Homo Viator: Prolégomènes à une Métaphysique de l'Espérance*. Paris: Aubier, 1947, p. 175.

[85] Sl 118 (119), 71.

[86] Mt 20, 28.

[87] Saint Teresa of Avila, *Vie de Sainte Térèse*. Paris: Julien Lanier, 1852, capítulo XL, p. 607.

servir os outros. Em seu livro São Bernardo, Ratisbonne escreve: "O humilde Bernardo permaneceu inflexível no degrau mais baixo; e ele não trocaria por nenhuma vantagem humana o privilégio de ser o servo do último de seus confrades".[88]

A filosofia *new age* do feminismo, ao declarar guerra à feminilidade, está na verdade declarando guerra à Cristandade. Pois no plano divino ambas estão intimamente ligadas. O grande aliado das mulheres não é o socialismo, como cria Simone de Beauvoir, mas Cristo. A ideologia moderna declara guerra ao Evangelho que prega a humildade e ensina que quem se humilha será exaltado. Ora, não pode haver reconciliação entre uma ideologia que advoga o poder e o sucesso e outra cujo fundamento é demonstrar que o caminho para Deus é a humilde aceitação da própria incapacidade: "Vinde, ó Deus, em meu auxílio. Socorrei-me sem demora". Tanto o Antigo quanto o Novo Testamento condenam o orgulho, a arrogância, a presunção e a estupidez daqueles que pensam não precisar de Deus. O grito de cada cristão, ecoando São Pedro no naufrágio no mar da Galiléia, deveria ser: "Ajudai-me, Senhor, para que eu não pereça".

O cristianismo ensina que os feitos externos (a invenção do computador e da bomba atômica ou a chegada do homem à lua) são pó e cinzas aos olhos de Deus. Seremos julgados não por nosso "desempenho" no mundo secular, mas pela humildade e caridade que cultivamos. É sábio ter em mente que o mundo perecerá pelo fogo, o qual destruirá todas as coisas.[89] É bem provável que o alucinante progresso tecnológico dos últimos sessenta anos, se separado da sabedoria, irá levar o homem à ruína. Há séculos, Platão escreveu em seu primeiro livro das Leis que o homem é seu próprio inimigo mortal. Isso era verdade

---

88 Ratisbonne, *Saint Bernard of Clairvaux*. Rockford: Tan, 1991, p. 222-223.
89 2Pd 3, 10.

à sua época e continua sendo verdade agora. Hoje, o homem é capaz de destruir o mundo com um simples *fiat* – sua diabólica caricatura da criação de Deus. Uma coisa é certa: quando chegar a hora, nada que tiver sido produzido pelo homem subsistirá. Um dia, todas as realizações humanas serão reduzidas a um monte de cinzas. Por outro lado, todas as crianças nascidas de mulher viverão eternamente, pois a elas foi concedida uma alma imortal, feita à imagem e semelhança de Deus. Sob essa luz, a afirmação de Simone de Beauvoir de que "as mulheres não produzem nada" mostra-se especialmente ridícula.[90]

---

90 De Beauvoir, *op. cit.*, p. 456.

PARTE IV
MULHER: O SEXO PRIVILEGIADO

COMO JÁ FOI MENCIONADO, as feministas ressentem-se do fato de que vários grandes pensadores cristãos, a começar por São Pedro, referiram-se às mulheres como sendo o "sexo mais fraco".[91] Muitos padres da Igreja seguiram o mesmo caminho. Esses pilares do cristianismo obviamente tinham algo válido em mente. Seria insensato de nossa parte rejeitá-la completamente, como se se tratasse de uma expressão de "chauvinismo masculino".

O que pode se entender por "mais fraco"? Uma resposta óbvia seria que o "sexo frágil" é fisicamente mais fraco que o sexo masculino. Isso é algo tão elementar, que podemos tomar essa explicação como irrelevante. Além disso, não haveria motivo nem para que a feminista mais "sensível" se ofendesse com a afirmação de um fato irrefutável. Na verdade, as feministas se sentem ofendidas porque supõem que "mais fraco" significa menos inteligente, menos talentoso, menos confiável, menos digno, etc. Como vimos, as afirmações de muitos homens suportam essa tese. É verdade que a palavra "fraco" é freqüentemente usada com referência a coisas, ações ou atitudes deficientes ou com falhas. Fala-se em "argumento fraco", "defesa fraca", "caráter fraco", "saúde fraca", "desempenho fraco". Em todos esses casos, fraqueza refere-se a algo defeituoso ou insatisfatório. Como dissemos, a literatura grega (estou pensando em Homero) glorificou a força, as realizações, a coragem e o poder. O fraco é derrotado, escarnecido, ridicularizado. Nossa contemporânea idolatria aos esportes procede das mesmas raízes. Aquele que vence é um herói; foi assim que o presidente Bush qualificou os americanos que ganharam uma medalha de ouro nos jogos olímpicos em Seoul! Aquele que é derrotado é um fraco. A derrota do time de futebol belga em Paris em junho de 1998 é um caso exemplar. Alguns inoportunos parabenizaram-nos quando retornavam a Bruxelas.

---

91 1Pd 3, 7.

FRAQUEZA: PRÓS E CONTRAS

Contras

"Fraco" pode se referir ao que é frágil, delicado, quebrável, vulnerável, sensível. As mulheres são mais vulneráveis do que os homens, e essa vulnerabilidade pode torná-las indefesas e irritáveis. Elas geralmente são menos capazes de se defenderem sozinhas. A Bíblia lembra-nos constantemente do dever de cuidar das viúvas. Os viúvos sequer são mencionados.

Nesse sentido, as mulheres são mais fracas que os homens, e isso se vê exemplificado nas lágrimas femininas. Se juntássemos todas as lágrimas derramadas por mulheres desde o início do mundo, elas poderiam competir com o mar, ao passo que as lágrimas derramadas por homens encheriam uma piscina de tamanho modesto. E além de chorarem mais do que os homens, elas não costumam se envergonhar de suas lágrimas, enquanto há homens que prefeririam morrer a serem pegos chorando. Mais adiante falaremos mais sobre esse assunto.

Por causa da "fusão entre coração e mente" que caracteriza as mulheres,[92] elas estão mais propensas a se magoar do que os homens, cujo poder de abstração muitas vezes os protege de sentimentos negativos. As mulheres têm muito menos controle sobre suas emoções; geralmente são mais sensíveis e mais instintivas. Seus corpos espelham suas almas e ambos parecem estar mais fortemente vinculados nas mulheres do que nos homens. Essa condição inata, quando não orientada corretamente, pode levá-las a cederem à sedução e a algumas fraquezas morais graves como, por exemplo, o sectarismo e o subjetivismo no julgamento de situações e pessoas. Mais do que os homens, as

---

92 Cf. Dietrich von Hildebrand. *Man and Woman*. Chicago: Franciscan Herald Press, 1966, p. 63.

mulheres tendem a sentir atração por mágica.[93] Isso pode assumir a forma de espiritismo, tarô, Ouija. Videntes geralmente são mulheres.

Este pode ser outro ponto que São Pedro e Santo Agostinho tinham em mente quando chamaram as mulheres de "sexo mais fraco." As mulheres levam seus sentimentos muito mais a sério que os homens e, portanto, têm uma tendência a se apoiar neles e a cair num egocentrismo. Mais do que os homens, elas tendem a ser românticas e sentimentais (pensemos em Madame Bovary), a se tornar vítimas de uma exaltação nada sadia e a ser dominadas pela imaginação e pela fantasia. Em sua autobiografia, Santa Teresa de Ávila refere-se repetidas vezes aos perigos que ameaçam a vida espiritual do "sexo fraco": sentimentalismo, devaneios, ilusões, egocentrismo. Ela afirma reiteradamente que elas precisam muito de orientação. Dois grandes diretores espirituais, São Francisco de Sales e Dom Columba Marmion, enfatizam o fato de que "por mais intelectual ou erudita que uma mulher possa ser, Deus, de acordo com as decisões ordinárias de sua providência, quer que ela seja dirigida por um homem que seja ministro dEle".[94] Esse é um tema recorrente nas cartas espirituais. Mulheres precisam de homens que as ajudem a canalizar as emoções, a distinguir aquelas que são válidas daquelas que estão contaminadas pela irracionalidade, aquelas que são legítimas daquelas que são ilegítimas.

Por outro lado, Santa Teresa – ecoando São Pedro de Alcântara – também escreve que mais mulheres do que homens recebem graças extraordinárias e que as mulheres costumam ser mais receptivas à voz de Deus e parti-

---

93 Paul Evdokimov, *La Femme et le Salut du Monde*. Paris: Casterman, 1958, p. 159.
94 Dom Raymond Thibaut, *Abbot Columba Marmion*. St. Louis: Herder Book Co., 1961, p. 231.

cularmente capazes de se doar heroicamente quando seus corações estão purificados.[95] E, quanto mais privilegiadas são, mais necessitam de orientação. Santa Teresa tinha a sabedoria de sempre recorrer a diretores espirituais sábios e santos para auxiliá-la a discernir a validade de suas experiências místicas.

Sem tal orientação ou graça, a mulher pode tornar-se tão fraca a ponto de fazer mal uso de um de seus grandes dons, sua beleza, para sua própria destruição ou para a destruição de outros. A prostituta (a mais trágica das mulheres) é mestra na triste arte da sedução. Ela sabe que botões apertar para capturar um cliente. Com o pecado original, a luxúria entrou no coração humano e a maioria dos seres humanos cairá facilmente nas redes de uma vulgar atração sexual, se não estiverem protegidos pela graça e por uma vida constante de oração. Isso é trágico, pois a beleza que Deus delineou para as relações entre homem e mulher é espezinhada e maculada. E um ser humano usar e abusar de outro é algo absolutamente vergonhoso! Além disso, os pecados sexuais desgraçam a alma do homem de uma maneira que não podemos compreender quando nossa concepção dessa misteriosa esfera limita-se ao puramente biológico. Por outro lado, é inconcebível que alguém consciente de que Deus o está vendo a todo o momento caia na depravação sexual. Há atos que só podem ser realizados no escuro.

Dostoiévski, um mestre em psicologia, descreveu de maneira vigorosa em Os irmãos Karamazov como uma mulher infeliz chamada Gruchenka usou de seu poder de atração sexual para trazer o pobre Dmitri para suas redes, num típico jogo de gato e rato. A literatura tem abundantes exemplos como este, e é impossível não lamentar a tolice do "sexo forte" (como ilustrada no poderoso romance de Gogol, Taras Bulba).

---

[95] *Ibid.*, p. 607.

Mas não são apenas as mulheres que podem seduzir os homens. Os homens também seduzem as mulheres. E, embora generalizar seja um risco, estamos tentados a dizer que, no caso da mulher, a queda vem não tanto por causa da luxúria, mas por uma promessa de amor eterno, ou porque lhe dizem que seu amante irá cometer suicídio se ela não ceder a seus desejos, ou por pura vaidade, ou por um desejo desesperado de "ser querida" e protegida. Quão doce é ouvir um "eu nunca vi uma mulher tão bonita quanto você", um "você é a única que tocou meu coração". O drama de Fausto e Margarida vem-nos à mente. Quando Margarida descobre-se grávida, abandonada e numa situação desesperadora, é tão terrivelmente trágico que ela profira as palavras: "foi tão bom; foi tão bonito".[96] Ela alimentava a ilusão de que o "grande" homem que a conquistara realmente a amava, mas, quando seus olhos finalmente se abriram, ela se viu à beira do desespero.

Por fim, mais do que os homens, as mulheres falam sobre suas dores e sofrimentos. Quando doentes, os homens podem rosnar, mas não gostam de fazer do seu desconforto o tema de uma conversa. Geralmente as mulheres se afligem mais e preocupam-se mais com a possibilidade de perigos ainda iminentes. Quando se entregam a essa tendência, seu comportamento pode facilmente tornar-se irracional. As mulheres são mais propensas a entrar em pânico quando lidam com um problema prático. Já os homens sentem-se desafiados e freqüentemente gostam de tentar resolver dificuldades tecnológicas; eles querem encontrar soluções para os problemas. Os homens normalmente se recusam a pensar sobre os problemas até que eles de fato surjam e então eles possam fazer algo para resolvê-los. Eles evitam falar sobre coisas que eles não podem mudar nem manipular. As mulheres, por outro lado, com-

---

96 Goethe, *Fausto*, Parte I, verso 3585.

preendem intuitivamente o significado e o valor do sofrimento. Chesterton afirma que os homens, mais do que as mulheres, buscam o prazer. Um amigo de meu marido que por muitos anos foi capelão tanto de monges quanto de monjas, disse-lhe certa vez que as monjas eram muito mais propensas do que os monges a fazer sacrifícios além dos estritamente ordenados pela regra.

***

Com tudo isso, nenhuma mulher inteligente poderá encontrar espaço para se sentir ofendida. Na verdade, ter sua fraqueza lembrada é, do ponto de vista sobrenatural, uma graça. Quantos erros poderíamos ter evitado se nos lembrássemos que sem a ajuda de Deus não podemos fazer nada? Quantas asneiras não fazemos porque agimos impulsivamente, negligenciando nossas fraquezas e limitações? Quantos pecados, faltas, erros e idiotices não têm como causa o fato de que seu perpetuador não se deu conta (ou não quis se dar conta) de quão fraco era e, portanto, não pediu um conselho? Ao invés de se sentirem ofendidas quando lembradas de suas fraquezas, as mulheres com motivações sobrenaturais são gratas. Estar consciente de sua própria fraqueza e confiar no auxílio de Deus é o caminho para a autêntica força e vitória. Isso foi gravado de modo admirável por São Paulo quando escreveu: "Quando sou fraco, então é que sou forte".[97] Na liturgia dedicada a Santa Inês – uma jovem donzela e mártir – a Igreja escreve: "Ó Deus, que escolheis as criaturas mais frágeis no mundo" (qui infirma mundi eligis). Alguns dias depois da festa de Santa Inês, a Igreja celebra outra jovem santa, Dorotéia, virgem e mártir. Dom Guéranger comenta: "A religião de Cristo pode, por si só, produzir em mulheres tímidas, como a santa do dia de hoje, uma energia que às vezes ultrapassa aquela dos

---

[97] 2Cor 12, 10.

mais valentes mártires do sexo masculino. Assim nosso Senhor glorifica Seu poder infinito, esmagando a cabeça de Satanás com algo que por natureza é tão fraco".[98] Mais uma vez, a chave para a vitória das mulheres sobre sua "fraqueza" inata está no sobrenatural.

Prós

Se falhas ocorrem devido à fraqueza da mulher, em muitos casos, longe de serem características negativas, o fraco, o frágil, o quebrável, o vulnerável, o sensível, referem-se a objetos ou pessoas que têm em si algo particularmente fino e que, por essa razão, são feridos ou destruídos com mais facilidade. Um jogo de porcelana de Sèvres deve ser delicadamente manuseado, ao passo que um vaso de ferro pode ser tratado rudemente sem maiores prejuízos. Embora São Pedro não tenha elaborado o pensamento, podemos supor que esse era um dos sentidos que ele tinha em mente quando escreveu sobre a fraqueza das mulheres (ou seja, que as mulheres devem ser honradas por causa de sua fragilidade). Na Europa medieval, a glória dos trovadores era proteger as mulheres e desafiar qualquer um que não as respeitasse. Matar mulheres e crianças indefesas numa guerra era tradicionalmente considerado ignóbil. A missão de Dom Quixote era respeitar, honrar e defender os "fracos", particularmente as mulheres.

Além disso, a própria fragilidade das mulheres pode converter-se em força. A fraqueza delas apela à piedade; pode tocar os corações dos homens e apelar para o que há de melhor neles, seu instinto cavalheiresco, fazendo com que ajudem aqueles que são mais fracos que eles mesmos. Como já foi dito, há uma lei não escrita que era

---

[98] Guéranger, *The Liturgical Year*, volume 4. Westminster: The Newman Press, 1949, p. 246.

respeitada (ao menos oficialmente) até o advento da guerra moderna: em emergências, mulheres e crianças eram salvos primeiro. Eles eram os primeiros a partir nos botes salva-vidas, a receber cuidados médicos. Na vida cotidiana, é raro ver um homem dar as costas a uma mulher que grita por ajuda. Os homens gostam de ser solicitados, gostam que se lhes dê a chance de mostrar sua masculinidade, de desempenhar o papel do cavaleiro medieval cuja glória era proteger os fracos e empreender façanhas para encantar e conquistar a linda dama que amava.[99]

* * *

É verdade que mulheres podem derramar "lágrimas de crocodilo", as lágrimas tolas da auto-piedade, do egocentrismo, lágrimas que respondem a ofensas imaginárias, à vaidade ferida – alguns homens também podem cair nessa mesma fraqueza! Mas o fato de que algumas lágrimas são tolas e ilegítimas não pode cegar-nos para o fato de que as lágrimas podem ser também expressões do que há de melhor e mais nobre no homem. Quando Santo Agostinho, conquistado pela graça, decidiu responder ao chamado de Deus a que mudasse de vida, não teve vergonha de chorar. "Rios irrompiam dos meus olhos, um sacrifício aceitável para Ti".[100] E ele não só chorou como também fez questão de informar-nos que sua "derrota" expressou-se em lágrimas de arrependimento.

---

[99] Por que ficamos tão comovidos ao ver bebês? Um ser humano "normal" é profundamente tocado pela fraqueza de um recém-nascido cuja sobrevivência depende do cuidado constante de outros. Sua fraqueza é um chamado a cuidar deles com uma docilidade e ternura infinitas. Uma das consequências mais desastrosas do aborto é que muitos em nossa atual sociedade extinguiram em seus corações doentes esse amor terno pela criatura mais indefesa: o bebê ainda no ventre da mãe. O dano que a prática do aborto fez ao coração humano é inestimável. Podemos definir os abortistas e aqueles cegados pelo horror do aborto como "aqueles que não têm coração", não têm ternura para com os fracos.

[100] Santo Agostinho, *Confissões*, Livro VIII, 12.

A Igreja em sua sabedoria maternal oferece a seus filhos uma oração para cada necessidade. Ela tem uma oração especial para o dom das lágrimas: *educ de cordis nostri duritia lacrymas compunctionis* (extrai de nosso coração endurecido lágrimas de compunção). Uma conversão profunda é comumente "batizada" com lágrimas.

Assumindo que as mulheres choram com mais facilidade, a questão é "por que elas choram"? Primeiro é preciso diferenciar as lágrimas legítimas das ilegítimas. Vivemos em um mundo que diariamente oferece ocasião para lágrimas. O rei Davi escreveu: "Meus olhos vertem lágrimas, porque os homens não guardam vossa lei".[101] Uma das bem aventuranças é "Bem aventurados os que choram". Ai daquele que não chora quando Deus é blasfemado, onde pinturas odiosas são exibidas e louvadas como "obras de arte", quando alguns padres dizem missas sacrílegas, onde crianças são abusadas diariamente, onde pessoas são torturadas, onde milhões passam fome. As lágrimas são a resposta adequada para a brutalidade, a injustiça, a crueldade, a blasfêmia, o ódio. Cristo chorou ao ver Jerusalém e quando foi ao túmulo de Lázaro. São Francisco de Assis chorou porque "o amor era tão pouco amado". Como colocou Virgílio: *Sunt lacrimae rerum* (essas são coisas dignas de pranto – ou seja, situações que convidam às lágrimas).[102]

Cristo prometeu que no céu todas as lágrimas seriam enxugadas, e Kierkegaard comentou a triste condição daqueles que nunca derramaram uma única lágrima. Podemos chorar pelas ofensas que diariamente se fazem a Deus, pelos nossos pecados, pela ingratidão do homem... A mais santa entre todas as mulheres, Maria, é chamada *Mater dolorosa* (mãe cheia de tristeza). Sua imensa tristeza foi admiravelmente expressada por Giacopone da

---

101 Sl 118 (119), 136.
102 Virgílio, *Eneida*, I, 462.

Todi em seu sublime poema dedicado aos sofrimentos da mãe de Cristo.[103] "Haverá quem não pranteie / ao ver a Mãe do Cristo / com o Filho padecendo?". O caminho da santidade para a mulher está claramente em purificar a sensibilidade que Deus lhe deu e guiá-la pelas vias adequadas. Ela deverá lutar contra as lágrimas falsas e rezar pelas lágrimas de santidade – lágrimas de amor, de gratidão, de contrição.

***

Dissemos que as mulheres dão mais importância a suas emoções do que os homens, e que isso pode levar a graves defeitos. Há casos em que o coração se equivoca (hipertrofia do coração).[104] O coração de uma mulher pode transformar-se numa floresta virgem que precisa ser podada. Contudo, há situações em que o coração está certo e a "razão" desgovernada, caindo em um racionalismo barato, caracterizado pela recusa obstinada em admitir que muitas grandes verdades transcendem a razão. O racionalismo é alérgico a "mistérios". Pascal devia ter isso em mente quando escreveu que "o coração tem razões que a própria razão desconhece",[105] que "o ato último da razão é reconhecer que há uma infinidade de coisas que a ultrapassam"[106] e, por fim, que "não há nada tão conforme à razão quanto a retratação da razão".[107]

As mulheres também têm uma missão para com o outro sexo: despertar e aprimorar a afetividade nos homens, muitas vezes atrofiada por um abstracionismo. Elas são chamadas a "humanizá-los". Com seu estilo bem

---

103 *Missal Tridentino*, 15 de setembro (*Stabat mater*).
104 Cf. Dietrich von Hildebrand, *The Heart*. Chicago: Franciscan Herald Press, 1965, capítulo IV.
105 Blaise Pascal, *Pensées, texte de Léon Brunschvicg; introduction par Emile Faguet*. Paris: Nelson, 1949, p. 277i.
106 *Ibid.*, p. 267.
107 *Ibid.*, p. 272.

humorado e sem par, Chesterton fala sobre a "dignidade feminina contra a brutalidade masculina".[108] O coração de um homem pode bem ser um deserto necessitando desesperadamente de água. Todos nós conhecemos homens que são "máquinas de pensar" e desumanos. O cômico e por vezes impiedoso Kierkegaard nunca perdeu uma chance de atacar Hegel, seu inimigo mortal. Ele sugere que "o casamento (de Hegel) deveria ser tão impessoal quanto seu pensamento".[109] Ele obviamente queria que tivéssemos pena da sra. Hegel!

Como é linda a complementaridade de homem e mulher de acordo com o plano divino. Não foi por acidente que São Francisco de Assis foi mais bem compreendido por Santa Clara; são Francisco de Sales por Santa Joana de Chantal; São Vicente de Paulo por Santa Luisa de Marillac. Nos tempos atuais, Marie Pila foi co-fundadora com o Padre Eugène Marie da Notre Dame de Vie em Provença. O homem foi feito para a comunhão e a forma mais perfeita de comunhão pede pessoas que se complementem umas às outras. É por isso que Deus disse: "Não é bom que o homem esteja só".

Os interesses femininos centram-se no lado humano de suas vidas: sua vida familiar, seus relacionamentos com os que lhes são caros, suas preocupações com a saúde, o bem estar físico e, se cristãs, com a condição espiritual de seus filhos; em outras palavras, preocupações humanas. A maioria dos homens conversa sobre o mercado de ações, política e esportes; alguns conversam sobre questões intelectuais e artísticas; Chesterton estava certo quando escreveu que "as mulheres falam umas com as outras; os homens falam com o assunto do qual estão falando".[110]

---

108 Chesterton, *op. cit.*, p. 123.
109 Soren Kierkegaard, *Concluding Unscientific Postscript*. Princeton: Princeton University Press, 1941, p. 268.
110 Chesterton, *op. cit.*, p. 86.

***

A missão de uma mulher é em muito auxiliada pela beleza que, conforme já vimos, ela pode usar para sua própria ruína. A amabilidade de uma mulher (com toda sua delicadeza) pode exercer um charme tal sobre um homem, que faz com que a fragilidade dela o coloque a seus pés. Essa verdade é agudamente destacada no Antigo Testamento, quando a amável rainha Ester, a fim de salvar seu povo, então ameaçado pela depravação do ministro do rei, ousou quebrar a regra que proibia qualquer um de aproximar-se do rei Assuero sem permissão. Ao vê-la entrando em seus aposentos, "ele [o rei] olhou-a, cheio de cólera". A rainha desfaleceu. Ela desmaiou, seu rosto perdeu toda a cor e ela apoiou a cabeça na escrava que a seguia. "Mas Deus mudou o coração do rei, fazendo-o manso. Ele ergueu-se do trono ansioso e tomou Ester nos braços até que ela se recuperasse; e reconfortou-a com palavras suaves. 'O que houve, Ester?', disse ele. 'Sou teu irmão. Coragem! Tu não morrerás. Minhas ordens só se aplicam à gente comum. Vem comigo.' E, erguendo seu cetro de ouro, pousou-o no pescoço de Ester, abraçou-a e disse: 'fala comigo'.".[111] Graças ao auxílio divino, sua fraqueza venceu. Sua fragilidade foi o trunfo que lhe alcançou a vitória. Ela convidou o rei para um banquete em que lhe implorou que salvasse sua vida e as vidas do seu povo. Revelou ainda os planos que seu ministro Amã formulara para exterminar os judeus. Todos nós conhecemos o final da história: o perverso Amã morreu na forca que ele mesmo tinha mandado preparar.

Um paralelo interessante, com ênfase na beleza, na fragilidade e no poder das lágrimas pode ser encontrado na vida de Santa Escolástica, irmã de São Bento, o pai do monaquismo ocidental – embora se trate de uma história

---

[111] Est 5.

diferente. Tomemos o episódio da última vez em que São Bento visitou a irmã. De acordo com a regra, eles só poderiam ver-se uma vez ao ano. A alegria deles era conversar sobre Deus e cantar Seu louvor. Ela implorou ao irmão que prolongasse o santo colóquio, mas ele se recusou duramente a fazê-lo, pois a regra ordenava que ele passasse a noite em seu mosteiro. Sua doce irmã começou a chorar, e aparava com as mãos o fluxo de lágrimas que lhe descia dos olhos. O céu, que até então estava sereno, súbito fez-se escuro e ameaçador, e uma violenta chuvarada acompanhada de raios e trovões forçou São Bento a permanecer ali durante aquela noite. Esse episódio é relatado por São Gregório, e a liturgia conclui a cena com a frase: *plus potuit, quia plus amavit* (ela teve um maior poder, pois tinha um amor maior).[112] A doce virgem chorou, mas suas lágrimas eram lágrimas abençoadas, lágrimas de ternura, lágrimas de amor, lágrimas que comoveram o coração de Cristo – *fons arden caritatis* (fonte ardente de caridade) – , que ordenou aos céus que produzissem uma tempestade tão violenta que São Bento fosse forçado a admitir a derrota. O mais forte teve de ceder, pois Deus estava do lado do mais frágil.

Deus certamente criou as mulheres para serem lindas ("os filhos de Deus viram que as filhas dos homens eram formosas").[113] Seu charme, amabilidade e beleza exercem uma atração poderosa sobre o sexo masculino, e assim deve ser. O encanto feminino contradiz a norma biológica: geralmente, o animal do sexo masculino é mais bonito do que o do sexo feminino. O leão é mais bonito do que a leoa; o galo é mais bonito do que a galinha; o pato macho tem cores vistosas que a fêmea não tem. Essa é uma característica, dentre muitas, que sinaliza o fato de que a sexualidade nos animais é radicalmente diferente da se-

---

112 Dom Guéranger, *The Liturgical Year*. Volume IV, p. 267.
113 Gn 6.

xualidade nos seres humanos. Pois ninguém – a não ser Schopenhauer – negaria que as mulheres são ou podem ser lindas. Não é por acidente que são chamadas de *the fair sex* (o sexo belo).

Garotinhas inocentes podem ter uma doçura e um charme a que a maioria dos pais é incapaz de resistir. Conheço alguns pais bastante severos com seus filhos homens, mas que não conseguem negar-se a atender os pedidos de suas filhinhas que ainda não têm consciência de quão amáveis são. Com o tempo (especialmente depois da puberdade), a maior parte das garotas toma consciência do poder que pode exercer sobre os homens. Aquelas cujos corações são nobres ou foram purificados pela graça jamais utilizarão seu charme para brincar com o sexo forte, ou pior, para "seduzi-lo" e conseguir assim alcançar seus fins subjetivos. Elas colocarão seu dom a serviço do bem e não a serviço do mal. Esse foi o caso de Ester. Ela não buscava nenhum tipo de vantagem pessoal. Ela queria salvar seu povo, e aceitou o risco de ser sacrificada tendo, para tanto, um nobre fim. Ela não planejava a morte de Amã: ela queria apenas libertar o seu povo.

Todos nós sabemos que há mulheres que, conscientes do poder que o sexo feminino exerce sobre os homens, não hesitam em usá-lo com propósitos egoístas. Quando um homem comete fornicação ou adultério, os americanos dizem que ele foi ter com sua "mistress".[114] A palavra "mistress" indica claramente quem é que está no comando. O poder que as mulheres podem exercer sobre os homens é de fato enorme. Se perseguem apenas seus próprios objetivos com fins egoístas, elas se convertem em escravas de Satã. Se, contudo, põem seus encantos a serviço de Deus, são grandes aliadas de Deus. Quantas vezes já ouvi homens dizerem que foram suas esposas que

---

114 Em inglês, a palavra *mistress* significa primeiramente "dona, ama, patroa", mas é também empregada para designar uma amante ou concubina – NT.

os reconduziram para Deus! "É, acima de tudo, por causa das mulheres que a piedade primeiro desperta e espalha sua misteriosa influência sobre a sociedade. [...] A mulher é um dos mais esplêndidos instrumentos com os quais a Providência prepara o caminho para a civilização. [...] Se ela for infiel em sua missão, a sociedade perecerá".[115]

"Em toda a história evangélica", diz M. de Maistre, "as mulheres desempenharam um papel muito importante; e em todas as célebres conquistas realizadas pela cristandade, seja sobre indivíduos, seja sobre nações, sempre houve alguma influência feminina".[116]

---

[115] Ratisbonne, *op. cit.*, p. 105.
[116] *Ibid.*, p. 105.

PARTE V

A TRANSFIGURAÇÃO DA FRAQUEZA: A ENCARNAÇÃO

Esse mistério é tão grande que nenhuma mente humana é capaz de esgotá-lo. Ele não só ilumina a grandeza do amor de Deus por suas criaturas, não só dá à questão uma dignidade que é uma condenação radical do gnosticismo em todas as suas formas, mas também dá à mulher dignidade inaudita. Kierkegaard notou com propriedade que um trabalhador humilde jamais poderia suspeitar se um imperador poderoso soubesse de sua existência.[117] E imaginemos que o poderoso imperador não só sabia de sua existência, mas também desejava morrer para salvá-lo. Isso é algo que jamais entraria na cabeça de um homem. O cristianismo é verdadeiro porque está além da capacidade inventiva humana. Poetas e escritores expressaram a ânsia do homem por ascender a níveis mais elevados. Mas ninguém, absolutamente ninguém, nem no Oriente nem no Ocidente, jamais concebeu o pensamento de que um Deus infinitamente perfeito, a segunda pessoa da Santíssima Trindade, escolheria assumir a natureza imperfeita do homem, nascer de uma mulher (nisso dando ao sexo feminino uma dignidade inaudita), conhecer a fome, a sede, o cansaço, o sofrimento e experimentar a mais brutal e terrível forma de morte por amor a criaturas pecadoras. Isso só pode ser explicado por "loucura divina". Cristo, o Todo-poderoso, escolheu fazer-se fraco para ensinar a humildade aos homens. Pois Ele se assemelhou a nós em tudo, exceto no pecado. Seu ensinamento pretende abrir as mentes e corações dos homens para o fato de que a "força" deles é mera ilusão, "pois, sem Mim, vocês não podem fazer nada". Ele nos disse que "se não formos como crianças" não entraremos no reino de Deus. A criança torna-se o modelo que somos chamados a seguir: sua fraqueza, sua impotência, sua total dependência de outros, sua fragilidade. Que lição para

---

[117] Soren Kierkegaard, *Fear and Trembling and Sickness unto Death*, apêndice. Garden City: Doubleday Anchor, 1954, p. 215.

os orgulhosos fariseus que confiavam demasiado em sua erudição e "perfeição".

São Paulo lança nova luz sobre esse tema em suas epístolas. Tanto na primeira quanto na segunda carta aos Coríntios ele louva a "fraqueza". Ele escreve: "a loucura de Deus é mais sábia do que os homens, e a fraqueza de Deus é mais forte do que os homens".[118] E, na segunda epístola, o grande apóstolo desenvolve o mesmo tema: "Se é preciso gloriar-me, eu me gloriarei de minha fraqueza".[119] Depois de indicar as maravilhosas graças que recebeu, ele acrescenta: "[...] quanto a mim, de nada me gloriarei, senão de minhas fraquezas".[120] Diante deste louvor à fraqueza, como podem as mulheres se sentirem ofendidas quando chamadas de "sexo frágil"?

O mesmo louvor à "fraqueza" pode ser encontrado nas obras de Santo Agostinho. Ele nos conta que seu caro amigo Alípio, que havia jurado nunca tornar a ver os jogos cruéis dos gladiadores romanos, confiando demais em sua própria força, certa vez, quando seus amigos o levaram aos jogos, jurou para si mesmo que manteria os olhos fechados. Mas quando a multidão subitamente começou a gritar de empolgação, ele não pôde evitar abrir os olhos.[121] Foi só quando Alípio humildemente se deu conta de sua fraqueza que ele pôde superar a tentação. O próprio Santo Agostinho, embora tentasse desesperadamente viver a castidade, caía com freqüência. Foi apenas quando percebeu que não poderia alcançar a vitória com suas próprias forças e que teria de confiar exclusivamente na graça de Deus, que conseguiu se libertar das correntes que o haviam mantido prisioneiro por tanto tempo. A verdadeira força está em saber quão fraco se é, pois essa

---

118 1Cor 1, 25.
119 2Cor 11, 30.
120 2Cor 12, 5.
121 Santo Agostinho, *Confissões*, VI, 8.

consciência é o toque de clarim que anuncia que se precisa de ajuda. Deus sempre escuta aqueles que lhe pedem ajuda. Que doce a vitória quando o vencedor recusa-se a receber lauréis sobre a cabeça e dá todos os créditos a seu Amado, a seu Salvador, a seu Santo Médico. De fato, é apenas quando nos damos conta de nossa fraqueza, como ocorreu a Santo Agostinho, que nos tornamos fortes: "Quando ouço alguém trazer à tona minha vida pregressa, não importa com que intenção o faça, não sou tão ingrato que me angustie com isso; pois quanto mais expõem minha miséria (fraqueza), mais eu louvo meu Médico".[122] Ora, as mulheres definitivamente têm uma vantagem sobre o sexo forte, pois é mais fácil para elas ter consciência da própria fraqueza e depender do auxílio divino. Foi por essa razão que a liturgia chamou-as "o sexo pio".

Isso poderia perfeitamente ser batizado "revolução cristã", escândalo para os judeus e loucura para os gentios. É a melodia cantada por um santo após o outro. Ela encontra uma formulação e uma realização tocantes na "pequena via" de santa Teresa de Lisieux: permanecer desconhecido e oculto, ser tomado como insignificante e medíocre, acolher com gratidão a "pequenez" e a miséria do outro. Ela se alegrava quando cometia um erro, não por causa do erro, mas porque nisso lhe era dada uma chance de provar, mais uma vez, sua fraqueza e impotência sem o auxílio da graça de Deus. A História de uma Alma é um magnífico louvor à fraqueza alegremente aceita e transformada pela graça em vitória sobrenatural. E volto a dizer: para aquele que ama, é doce dar o crédito da vitória à pessoa amada, quanto mais a um Amado que é Todo-poderoso e freqüentemente escolhe "o que é fraco e impotente" para derrubar a soberba ilusão de que os

---

[122] Santo Agostinho, *Contra Letteras Petiliani* III, II. Citado em Guéranger, volume V, p. 10.

homens são fortes e não precisam de ajuda. De um ponto de vista sobrenatural, não há nada, absolutamente nada, que não possa ser aproveitado para a glória de Deus. Toda derrota pode converter-se em vitória, toda humilhação em preciosa jóia da coroa de outro, todo sofrimento em marca gloriosa que faz o sofredor assemelhar-se a seu Salvador. O alcoólatra que, em uma reunião do AA, declara publicamente seu vício pela bebida, com esse gesto, transforma sua humilhante derrota em magnífica vitória.

A seguinte passagem de História de uma Alma é reveladora: "Ah! Pobres mulheres, como são menosprezadas! E, ainda assim, muito mais mulheres que homens amam a Deus. Durante a paixão de Cristo, elas demonstraram mais coragem que os apóstolos, pois enfrentaram os insultos dos soldados e ousaram secar a adorável face de Jesus. Por essa razão, Ele permite que as mulheres sejam tratadas com desdém na terra, uma vez que foi também isso o que escolheu para Si mesmo. No céu, Ele mostrará que seus pensamentos não são os pensamentos dos homens,[123] pois lá os últimos serão os primeiros".[124]

Na espiritualidade beneditina, os monges rezam sete vezes ao dia a oração "Deus in adjutorium meum intende. Domine, ad adjuvandum me festina" ("Vinde, Deus, em meu auxílio. Socorrei-me sem demora"), reconhecendo mais uma vez que nós constantemente precisamos da ajuda divina para não cairmos nas ciladas que o maligno está sempre a armar-nos. De fato, ele é como um "leão rugindo" à procura de alguém para devorar.[125]

Quando uma pessoa chamada por Deus ingressa na vida religiosa, passa por um período de experiência chamado noviciado. Um de seus principais propósitos é

---

[123] Is 55, 8-9
[124] *The Story of a Soul,* edição francesa: Carmel de Lisieux, 1957, p. 163.
[125] 1Pd 5, 6-8.

destruir no noviço a auto-confiança natural e substituí-la por uma consciência ainda maior de sua fraqueza e do fato de que sem Deus "não pode fazer nada". O mestre de noviços mostrará a ele que essas virtudes naturais não são batizadas e precisam de uma purificação. Ele irá, com docilidade e firmeza, ajudar o noviço a adquirir virtudes sobrenaturais baseadas na humildade, ou seja, uma total desconfiança de si mesmo e uma total confiança na graça de Deus. A auto-confiança natural do noviço é substituída por uma santa "insegurança"; em outras palavras, uma constante consciência da própria miséria e uma confiança infinita n'Aquele que pode suscitar filhos a Abraão até das pedras.

PARTE VI

A MISSÃO SOBRENATURAL DA MULHER

Com base no que foi dito, agora é possível perceber a beleza da feminilidade como vinda das mãos amorosas de Deus, assim como a gloriosa missão que lhe foi confiada, fecundada pelo sobrenatural. Numa conferência esclarecedora que Edith Stein (agora conhecida como Santa Edith Stein) deu em Salzburgo em 1930, ela apresentou com maestria a diferença fundamental entre as naturezas masculina e feminina. As mulheres se interessam muito mais por pessoas que por coisas, ela afirma. E isso é mesmo verdade. Imaginemos o seguinte cenário: um grupo de homens e mulheres está reunido atrás de uma porta fechada. Quando a porta se abre, todos entram numa grande sala onde só se encontram duas coisas: de um lado, um berço onde jaz um bebê, de outro, um computador da mais avançada tecnologia. As mulheres avançariam na direção do berço; os homens, depois de uma breve olhada no bebê, optariam pela obra de arte da tecnologia e se poriam a "brincar" apaixonadamente com a máquina. As mulheres se precipitariam sobre o bebê para afagá-lo e exultariam ao ouvir a criança balbuciar alguma coisa. Obviamente as mulheres é que teriam a razão, pois uma criança é uma maravilha da criação de Deus a que nenhuma conquista da tecnologia pode equiparar-se. No fundo, os homens saberiam que as mulheres fizeram a melhor escolha, mas é difícil para eles resistir à fascinação da tecnologia.

Além disso, as mulheres colocam o concreto acima do abstrato, os individuais acima dos universais. E, mais uma vez, estão certas. Afirmá-lo não diminui a importância do impressionante mundo da abstração, que certamente merece nossa admiração intelectual. Mas deve ficar claro que o Deus único, verdadeiro e concreto, o "Deus vivens et videns" de Santo Agostinho, é metafisicamente superior ao nobre mundo das idéias platônico. Grandes metafísicos compreenderam que a realidade suprema não poderia ser uma abstração. O abstrato, por grandioso que possa ser, é metafisicamente tênue, uma vez que lhe falta personalidade. Está claríssimo que o Deus verdadeiro não pode ser uma "idéia", um princípio. Ele tem de ser uma pessoa.

A psique feminina é mais sensível ao pessoal que ao impessoal. As mulheres reagem, pois, intuitivamente, sem muita deliberação, porque "sentem" que as pessoas estão num patamar infinitamente superior ao dos seres não pessoais. Que abismo há entre uma "deidade" impessoal e o Deus pessoal do Antigo e do Novo Testamento, um Deus que é pai, que nos ama e educa, que nos adverte e, quando necessário, pune. Aqui as mulheres alcançam mais uma vitória metafísica. Qualquer metafísica idônea respeita a hierarquia dos seres e põe as pessoas acima das coisas, seres viventes acima de seres não viventes. O Deus verdadeiro é o Deus da vida; Cristo é a vida da alma, e as mulheres, que têm a sublime missão de dar a vida, intuitivamente tramam esse princípio em suas vidas diárias. Eva foi chamada "a mãe dos viventes." Há um laço metafísico entre vida e condição feminina, e isso é certamente uma honra. É por essa razão que, quando uma mulher opta livremente por abortar seu bebê (sem qualquer pressão do namorado ou dos pais), ela não só comete um pecado grave, mas fere o cerne de sua natureza feminina. É por isso que leva tanto tempo para que essas mulheres se "recuperem" do trauma e se dêem conta de que traíram sua missão sagrada. Depois disso é comum que sejam tomadas por um auto-desprezo e se sintam tentadas a cometer suicídio. Elas precisam desesperadamente da ajuda de um sacerdote santo ou de um sábio conselheiro que as conforte e assegure-lhes que a misericórdia de Deus é infinitamente maior que nossos pecados, por mais terríveis que sejam. Essa é uma missão extremamente necessária nos dias atuais, quando milhões de mulheres decidiram ou permitiram que seus filhos fossem assassinados – e, ao fazê-lo, feriram mortalmente suas almas.

Edith Stein acrescenta ainda que às mulheres interessam-lhes mais os todos que as partes. Suas mentes não dissecam um objeto; elas o compreendem na totalidade. Novamente, ela não o afirma para denegrir o poder analítico das mentes masculinas, mas para mostrar que a natureza feminina está estruturalmente (ou seja, sem deliberação) voltada para o que é metafisicamente superior. Porque suas mentes estão intimamente ligadas a seus corações e suas mentes trabalham melhor quando animadas por seus corações; a compreensão que têm de pessoas e objetos não cai nas armadilhas que ameaçam os especialistas, que já não conseguem ver a floresta por conta das árvores. Muitas grandes mentes especializaram-se tanto em uma faceta da realidade, que perderam a capacidade de ver a realidade como um todo. Chesterton devia ter isso em mente quando escreveu que "a inteligência é deixada para os homens e a sabedoria para as mulheres".[126] Uma idéia similar foi expressa por John Bartlett: "As mulheres são mais sábias que os homens, porque elas conhecem menos, mas compreendem mais".[127] Pois sabedoria não é o mesmo que erudição, e esta última é muitas vezes o refúgio de pessoas diplomadas que gastam suas vidas inclinadas sobre livros, mas se esquecem de viver! A santa mãe de Dom Bosco, Mama Margarita, dizia que uma simples camponesa italiana possuía decerto uma sabedoria extraordinária como educadora; sabedoria que freqüentemente falta aos "experts" em psicologia infantil.

---

[126] Chesterton, *op. cit.*, p. 107.
[127] *Bartlett's Familiar Quotations*, Boston: Little, Brown and Co., 1947, p. 877.

Outro grande dom que Deus deu à natureza feminina foi o dom da receptividade. Ele não deve ser confundido com passividade, como fez Aristóteles ao afirmar que o homem é superior à mulher porque ele é "ativo", ao passo que ela é "passiva". A passividade é claramente inferior à atividade, pois é a posição daquele que é mero "objeto da ação". Mas isso não se dá com a receptividade, porque esta implica uma prontidão vívida, desperta e alegre a ser gerada por outra pessoa ou por um belo objeto. Todas as pessoas criadas são essencialmente receptivas porque "não há nada que não tenhamos recebido".[128] As mulheres se sentem à vontade nessa receptividade e são receptivas com muita graça e desenvoltura: isso já estava inscrito em sua natureza biológica. Uma mulher que se dá a seu marido, aceita com alegria ser fecundada, aceita receber. Sua receptividade é uma auto-doação.

Mas a maravilha de dar à luz é que, embora a mulher receba apenas uma sementinha viva, tão microscópica que passa despercebida ao olho humano, depois de nove meses, ela dá a seu esposo um ser humano, com uma alma imortal e feito à imagem e semelhança de Deus. O momento da concepção dá-se horas depois do abraço marital, mas, quando o esperma fecunda o óvulo feminino, podemos supor – embora isso nunca tenha sido ensinado formalmente pela Igreja – que, nesse exato momento, Deus cria a alma da criança, uma alma totalmente nova que, sendo imaterial, não poderia ser produzida por seres humanos. Deus, portanto, "toca" o corpo da mulher e põe essa nova alma no templo de seu ventre. Esse é mais um privilégio incrível que o Criador deu às mulheres. Durante a gestação, elas têm o extraordinário privilégio de carregar duas almas em seus corpos. Se essas mulheres infelizes que pensam em abortar tivessem consciência desse

---

128 1Cor 4, 7.

fato, é bem improvável que alguma delas consentiria em pôr em prática tal crime.

Cabe notar que, embora seja o marido quem fecunda a esposa, é costume dizer que é ela quem "se dá" ao marido, implicando que essa receptividade é também uma doação única: aceitar receber algo de alguém é um dom muito especial. Há algumas pessoas infelizes que prefeririam morrer a ter de receber algo de outrem, pois o mero fato de pensar em estar em débito com alguém já lhes causa repulsa. Kierkegaard escreve sobre o desespero demoníaco que faz com que um homem prefira os tormentos do inferno a aceitar ajuda, "a humilhação de tornar-se um nada nas mãos daquele que oferece ajuda, para quem todas as coisas são possíveis".[129] Aceitar a condição de criatura é mais fácil para a mulher que para o homem, que está sempre tentado a ver-se no comando das coisas. Quantos homens revoltam-se com sua dependência metafísica!? Quantos homens se sentem ofendidos quando, doentes e fracos, vêem-se forçados a aceitar a ajuda de outros!?

A autêntica criatividade nas criaturas depende de seu grau de receptividade; em linguagem platônica, aquele que produz sem ter se aberto à fecundação por Deus irá produzir "bastardos". Muito do que hoje se chama de "arte moderna" cai nessa categoria, porque a tentação de muitos artistas da atualidade é fugir à tarefa de servir, e fazer uma arte em que se "expressem" a si mesmos. Nesse contexto, Gertrud von le Fort escreve: "O artista que não honra a Deus e, ao invés disso, proclama-se a si mesmo, ao excluir o elemento religioso da cultura, precisará eliminar também sua propriedade feminina".[130]

---

[129] Soren Kierkegaard, *Fear and trembling and Sickness unto Death*, Garden City: Doubleday, 1954, p. 205.
[130] Gertrud von le Fort, *The Eternal Woman, The Woman in Time, [and] Timeless Woman*. Milwaukee: Bruce Publishing Co., 1962, p. 51.

No parto, esse milagre criativo que depende da receptividade feminina é, como vimos, exemplificado de uma maneira única. Ele tem seu clímax nas palavras da bendita Virgem, que diz um simples "sim" à oferta divina; ela não "faz" nada, mas simplesmente diz: "faça-se em mim segundo a Vossa palavra". Logo após pronunciar essas palavras, ela concebeu o Salvador do mundo no mistério de seu abençoado ventre. Ela carregou no templo de seus órgãos femininos o Rei do Universo, Aquele que nem o universo inteiro é capaz de conter. Como o papel do pai é tão importante, as mulheres são chamadas a colaborar de uma maneira muito especial com Deus na criação de novos seres humanos, que são convidados a servi-Lo nesta vida e desfrutar de Sua presença eterna no céu.

Receptividade é uma categoria religiosa por excelência. A chave para a santidade é deixar-se "reformar" completamente pela graça divina, é dizer para Deus: "faz comigo aquilo que quiseres". Maria disse aos servos nas bodas de Caná: "fazei tudo o que Ele vos disser". Eis o caminho para a santidade. Como essa característica é tão crucial na vida religiosa, ela explica por que a liturgia chama as mulheres de "o sexo pio". Enquanto as mulheres se mantiverem fiéis a seu chamado "religioso", o mundo estará a salvo. Mas a ameaça que agora nos cerca é precisamente essa revolta metafísica de feministas que perderam totalmente o sentido de suas vocações, porque ficaram cegas ao sobrenatural.

Na virada do século, a academia francesa ofereceu um prêmio para aquele que melhor respondesse à seguinte questão: "Por que há mais homens que mulheres nas prisões?". O prêmio foi concedido a uma pessoa que escreveu: "porque há mais mulheres que homens nas igrejas". É terrível, pois, pensar na possibilidade de que o "sexo pio" possa deixar-se convencer de que a oração é para os fracos e incompetentes, e não faz sentido para aqueles que ambicionam a grandeza. Eis uma verdade sobre a qual vale a pena meditar: as mulheres costumam ser mais piedosas porque têm uma consciência mais viva de sua fraqueza. Aí mora sua verdadeira força.[131]

---

[131] Num plano puramente secular, vale lembrar que Descartes escolheu escrever seu famoso *Discurso sobre o Método* em francês e não em latim a fim de que essa obra pudesse ser acessível a mulheres cujas mentes fossem menos tumultuadas por teorias e ideias predeterminadas, ou seja, porque elas são mais receptivas.

PARTE VII
MULHERES E SENTIMENTOS

GERALMENTE, OS SENTIMENTOS SÃO DEPRECIADOS nas homilias e direções espirituais. Às mulheres, é costume dizer que a vida espiritual não se baseia em emoções, mas na fé, na vontade e no pensamento racional. Se por sentimentos entendemos o fluxo de emoções irracionais que, como moscas, circundam nossas cabeças, esse conselho deve ser levado muito a sério. Sem dúvida, sentimentos podem ser perigosos e enganosos. Mas, como meu finado marido mostrou de maneira convincente em seu livro *The Heart*, a palavra "sentimento" é ambígua.[132] Uma falha em esclarecer tais ambigüidades conduzirá necessariamente a um menosprezo dos sentimentos. Aristóteles dizia que, enquanto a inteligência e a livre vontade eram prerrogativas humanas, os sentimentos eram experiências que os homens compartilhavam com os animais. Ao dizer que sentimentos eram compartilhados por homens e animais, Aristóteles devia estar pensando em sensações físicas localizadas (como dor e prazer), que, de fato, os homens compartilham com os animais. Tanto homens quanto animais podem sentir frio, fome, sede, fadiga. Todas essas experiências estão relacionadas ao corpo, e estão localizadas no corpo; são "vozes do corpo".[133] Uma verdade parcial não é um erro. Mas quando essa verdade parcial se alarga e passa a incluir todos os tipos de sentimentos, ela definitivamente se torna um erro, e um erro muito sério. As experiências acima mencionadas têm uma coisa em comum: elas são não intencionais, o que – no vocabulário de Husserl – significa que nenhum conhecimento de sua causa é necessário para que esses "sentimentos" sejam experimentados. Elas definitivamente são não espirituais, e os homens as compartilham com os animais.[134]

---

[132] Dietrich von Hildebrand, *The Heart*. Chicago: Franciscan Herald Press, 1977, p.47, 75.
[133] *Ibid.*, p. 50.
[134] Nesse contexto, não caberia a interessante pergunta se prazeres e dores experimentados por pessoas diferem muito dos mesmos sentimentos

Sentimentos podem referir-se, num segundo sentido, a experiências muito diferentes do primeiro tipo: estamos pensando em "sentimentos psíquicos", como o mau humor, a depressão (causada por uma condição psíquica), a vivacidade que muitos vivenciam quando ingerem bebidas alcoólicas e assim por diante. Esses sentimentos não têm localização no corpo – como os primeiros claramente têm –, mas compartilham com os primeiros a falta de intencionalidade. Não é preciso conhecer sua causa para experimentá-los.[135]

Radicalmente diferentes são os "sentimentos espirituais", que não têm localização no corpo nem carecem de intencionalidade. Eles não podem surgir na alma do homem a menos que ele tenha consciência do que motiva aqueles sentimentos. Ninguém pode amar sem saber o que ou quem ama, sem perceber que esse amor é uma resposta a um objeto amável; ninguém pode odiar sem ter consciência de que esse sentimento surge como uma resposta a algo ou alguém odiável. Ninguém pode ser grato sem saber por que nem a quem é grato. Chesterton lembra, contudo, que em certo momento de sua juventude ele se viu na situação burlesca de se sentir grato "embora mal soubesse a quem".[136]

Esses sentimentos compartilham com a inteligência e a vontade o aspecto da intencionalidade. É por isso que eles merecem realmente ser chamados "espirituais". Nossas respostas aos objetos ou pessoas que motivam nossos sentimentos podem ser apropriadas ou não. Por causa do pecado original, o homem infelizmente é capaz de dar respostas erradas ou corrompidas. Ele pode odiar o que

---

experimentados por animais, pois, para um homem - uma pessoa - o sofrimento tem significado, ao passo que, nas profundas palavras de Dante, animais não sabem o "por quê": "[...] e lo 'mperché non sanno" (*Divina Comédia*, "Purgatório", Canto III, verso 84).

135 D. von Hildebrand, *op. cit.*, p. 52.
136 G. K. Chesterton, *Ortodoxia*, Ecclesiae, 2013, p. 87.

é amável, alegrar-se com fatos malignos, ficar triste com a alegria de outras pessoas ou alegrar-se com a infelicidade alheia (*schadenfreude*). Nesses casos, nossas respostas ilegítimas criam uma cacofonia, uma nota errada na sinfonia do universo. Isso não deveria ocorrer.

Mas, com a graça de Deus, o homem é capaz de transcender seu subjetivismo estreito, sua tendência a olhar para os acontecimentos pensando exclusivamente em seu próprio interesse, e dar o que meu finado marido chamava de "uma resposta ao valor", ou seja, amar o que merece ser amado, amar mais o que é mais elevado, amar menos o que é mais baixo.[137] Há séculos atrás, Platão escreveu que um dos objetivos da educação é ensinar a criança "a odiar o que deve ser odiado e amar o que deve ser amado".[138] Ao dar ouvidos a essa mensagem, o homem une sua humilde voz à sinfonia do universo, proclamando a grandeza de Deus, sua beleza e verdade.

Cabe lembrar que essas respostas espirituais não só compartilham os aspectos que inteligência e vontade possuem (por exemplo, não se pode amar sem conhecer o objeto desse amor), mas os ultrapassam em riqueza e plenitude. Na resposta espiritual, o intelecto do homem é plenamente ativado. O papel da vontade também é crucial, pois nossas respostas espirituais afetivas devem ser "sancionadas" pela nossa vontade (na terminologia do meu marido); essa sanção faz com que elas se tornem verdadeiramente nossas. Todos os sentimentos que não forem "selados" por nossa vontade provavelmente definharão e morrerão. Como as estátuas de Dédalo, eles precisam ser "pregados" para ganhar sua plena validade.[139] Que enorme diferença há entre uma pessoa que simplesmente se

---

137 Ver Santo Agostinho, *de Doctrina Christiana*, I-27.
138 Platão, *Leis*, II, 653.
139 Dietrich von Hildebrand, *Christian Ethics*, New York: D. McKay Co., 1953, capítulo 25.

compadece de alguém e outra que, fortalecida pela vontade de se compadecer, anseia por agir movida pela compaixão quando a ocasião pedir. A loucura de afirmar que alguém pode se compadecer e, ainda assim, recusar-se a ajudar foi ironicamente sugerida na peça de Nestroy, um dramaturgo austríaco: um homem rico, ao testemunhar a miséria abjeta de um mendigo, dá a seguinte ordem a seus servos: "lancem esse mendigo escada abaixo; pois sua miséria me parte o coração". Que diferença há entre um sentimento de contrição e a vontade determinada de ir confessar-se e pedir perdão.

Sentimentos são também vistos como "inferiores" porque não conseguem ser comandados. Mas esse argumento é fraco: a graça também não pode ser comandada pela vontade, e não porque é "inferior", mas porque é "superior". É um dom imerecido. Aqueles que vivenciaram momentos de radiante alegria espiritual e profunda paz sabem que esses sentimentos são "dons" pelos quais devemos ser gratos e que Deus pode tirar de nós quando Ele quiser. Santa Teresa de Ávila escreve de maneira enfática que alegrias espirituais não devem ser "buscadas" nem perseguidas. Quando recebidas, devemos ser gratos. Mas nossos corações não devem apoiar-se nelas, pois depois perderão a paz quando elas lhes forem tiradas.

De todo modo, o papel crucial desempenhado pela vontade nos sentimentos espirituais é admiravelmente expressado tanto na cerimônia de matrimônio quanto na de profissão de votos religiosos. A noiva, o noivo e o noviço fazem uma declaração solene que dá total validade ao amor – seja entre os noivos ou entre o noviço e Deus. Os noivos se amam; os postulantes amam a Deus. Ora, eles querem ardentemente formalizar esse sentimento, dando a ele total plenitude e relevância, ao declarar solenemente que, mesmo que esse sentimento de amor entre os noivos ou por Deus possa diminuir (por conta da fragilidade da natureza humana, por condições psicológicas ou em períodos de provação), eles sabem que esse sentimento (que pode esconder-se deles na miséria de suas almas) ainda estará completamente presente e válido, porque é endossado pela vontade. Isso permanece totalmente verdadeiro mesmo que a alegria de viver o amor seja momentaneamente tirada deles. O amor continuará a se manifestar em atos de amabilidade, fidelidade e na oração em momentos de total aridez. Esses são períodos de provação durante os quais se pode provar a fidelidade (*fides* significa tanto "fé" quanto "fidelidade"). Quantos santos não passaram por um momento de tremenda secura, durante o qual não conseguiam mais "sentir" que amavam a Deus, mas perseveraram em seu serviço com uma coragem heróica!? Com muita freqüência, essa cruz foi-lhes tirada das costas pouco tempo antes de morrerem. São João da Cruz descreveu de maneira mais eloqüente que qualquer outro "a noite escura da alma". O ponto crucial é que esse "amor" ainda está presente, mas já não é experimentado, já não é fonte de deleite. O santo então caminha na escuridão da fé. Mas esse é um sinal da grandeza do homem, que livremente pode negar-se a liberdade de mudar de idéia: essa é a essência mesma dos votos.

Por outro lado, a tradicional desconfiança que muitas pessoas religiosas têm com relação aos sentimentos é injustificada. É verdade que nossos sentimentos precisam ser purificados, mas isso também vale para nosso intelecto e nossa vontade. Kierkegaard escreveu que os pecados do intelecto são muitas vezes piores que os pecados das paixões (de uma afetividade desenfreada): "Oh! Os pecados das paixões e do coração, quão mais próximos da salvação estão que os pecados da razão!".[140] Em seu forte romance Oblomov, Goncharov põe as seguintes pa-

---

140 *The Journals of Kierkegaard*, traduzido para o inglês por Alexander Dru, Nova York: Harper, 1958, p. 215.

lavras na boca de sua heroína: "[...] os homens têm o péssimo hábito de se envergonhar de seus corações. Esse é um falso orgulho. Seria melhor que se envergonhassem de seus intelectos – eles se desencaminham com maior freqüência".[141] A questão é que nosso coração de fato é vulnerável e, exatamente por isso, ele faz com que nos demos conta de nossa fraqueza, o que é repugnante para o orgulho masculino. Foi o coração de Cristo que foi trespassado pela lança do soldado. Como nossos sentimentos espirituais vêm de nosso coração e o coração do homem precisa ser convertido de coração de pedra a coração de carne, fica claro que a purificação do sentimento espiritual é crucial no processo de santificação do homem.[142]

O coração (tabernáculo da afetividade) simboliza a pessoa em sua integralidade. Quando alguém se enamora, diz à pessoa amada: "eu lhe dou meu coração". Seria estranho se dissesse "eu lhe dou meu intelecto, ou minha vontade, ou minha memória". Está escrito na Bíblia: "Dá-me teu coração".[143] Mas também é verdade que o coração humano pode encarnar perversidade e corrupção.[144] É por isso que ele simboliza o melhor e o pior no homem. A oração diária do homem deveria ser: "fazei meu coração semelhante ao Vosso". Nos santos e sábios, intelecto, vontade e coração estão completamente purificados.

A nobreza dos sentimentos retos e sua importância na vida espiritual é ilustrada de maneira intensa nas auto-biografias de Santa Teresa de Ávila e Santa Teresa de Lisieux. Elas usam a palavra "sentimento" com bastante freqüência e, no entanto, felizmente ninguém ainda ousou acusá-las de subjetivismo ou ilusionismo. Quando perguntada por seu confessor como sabia da presença de

---

141 Ivan Goncharov, *Oblomov*, Nova York: Dutton, 1960, p. 204.
142 Ez 11, 19; 36, 26.
143 Pr 23, 26.
144 Jr 17, 9.

Cristo nela, a grande mística espanhola respondeu que ela *lo sentia*.[145] Ela estava certa, pois Ele verdadeiramente estava presente nela. Mas ela também tinha plena consciência, por ter de lidar com muitas irmãs, que sentimentos podem ser frutos do egocentrismo, sentimentalismo, emocionismo ou super-sensibilidade, de modo que iniciou uma guerra implacável contra esses sérios perigos. Ela tinha claro que nós podemos nos "sentir" ofendidos, ou profundamente feridos, ou magoados quando recebemos uma crítica justa.[146]

* * *

A liturgia da Santa Igreja é testemunha do papel do coração na vida religiosa; ela nos abençoou com uma ladainha do Sagrado Coração de Jesus. Não há nenhuma ladainha dedicada ao divino intelecto ou à divina vontade. Quando Cristo, na agonia, disse "tenho sede", o Santo estava sedento de nosso amor. O coração é onde o amor reside. O coração precisa ser vindicado e a melhor forma de fazê-lo é distinguindo entre sentimentos válidos e inválidos, legítimos e ilegítimos, "sentimentos batizados e não batizados". A falha em "discriminá-los" inevitavelmente leva ao rebaixamento deste rico campo da experiência humana e terá um efeito negativo nas mulheres, que, tradicionalmente, são chamadas de "o coração da família".

As experiências religiosas e humanas mais grandiosas e profundas relacionam-se ao coração. É nosso coração que nos torna vulneráveis. O coração do Salvador foi "esmagado por nossos pecados".[147] É o coração que ama, que é misericordioso, que tem compaixão, que sente

---

[145] Santa Teresa de Ávila, *ibid.*, capítulo XXVII.
[146] Não há dúvida de que Dietrich von Hildebrand é um dos grandes paladinos do papel e importância da afetividade na vida humana e religiosa. É de notar, contudo, que ele também analisou os perigos de sentimentos ilegítimos em nossas vidas. Cf.: *Transformation in Christ*, p. 255, 339.
[147] Ladainha do Sagrado Coração de Jesus.

contrição, que lamenta os pecados, que é ferido pela perversidade. O coração de São Francisco sangrava "porque o Amor era tão pouco amado". É o coração que sofre com o amado e ficaria feliz em sofrer pelo amado. Cristo diz-nos que é "manso e humilde de coração".

A orientação espiritual busca purificar o intelecto do homem e levá-lo a um conhecimento da verdade ainda maior e mais profundo; busca fortificar a vontade. Mas uma orientação espiritual sensata deveria mostrar grande preocupação não só em eliminar os sentimentos ilegítimos, mas também em fazer florescer os sentimentos nobres, sublimes e generosos num coração puro. A ternura de muitos grandes santos do sexo masculino é prova de que a santidade traz consigo uma transformação do coração. Lembremos, por exemplo, São Bernardo e sua homilia sobre a morte de seu amado irmão, Gerard: "Morte cruel! Ao levar um, mataste dois; pois a vida que a mim é deixada pesa-me mais que a morte".[148] São Francisco de Sales também vem à mente: suas inumeráveis cartas expressam uma doçura admiravelmente combinada a uma santa virilidade. Esses santos, obras primas da graça divina, combinam todas as grandes virtudes masculinas à docilidade feminina. Grandes santas do sexo feminino, embora mantendo o perfume da docilidade feminina, também puderam mostrar uma força e coragem que a sociologia geralmente reserva ao sexo masculino. É típico do sobrenatural que qualidades aparentemente tão contraditórias possam ser harmoniosamente unidas.

***

Alguém poderia afirmar que a inferioridade metafísica dos sentimentos é claramente comprovada pelo fato de que o corpo está envolvido com eles (por exemplo, nosso coração bate mais rápido quando experimentamos

---

[148] Ratisbonne, *op. cit.*, p. 225.

uma grande alegria ou um grande medo). Negar que manifestações físicas de profundas experiências espirituais podem expressar-se forte e significativamente no corpo humano é um preconceito que deve ser erradicado da mentalidade cristã. Desde o início, o cristianismo lutou contra toda forma de gnosticismo – esse erro recorrente de desprezar a carne, nascida da soberba. Pois o Verbo mesmo se fez carne. E desde que o maior evento da história ocorreu, está claro que não devemos desprezar as manifestações físicas de profundas experiências psíquicas e espirituais. Essa verdade também está expressa no Cântico dos Cânticos: *stipate me malis, quia amore langueo* (revigorem-me com maçãs, pois estou doente de amor).[149] O homem é uma união de corpo e alma; e, assim como o corpo participará na beatitude ou na danação do homem, ao longo desta vida terrena, ele espelha as experiências da alma. Longe de ser um indício de inferioridade, a ligação entre corpo e emoção evidencia o profundo elo entre o corpo e a alma do homem. A mais poderosa manifestação da união entre alma e corpo é encontrada no fenômeno dos estigmas. De fato, é possível alcançar a santidade sem receber as feridas de Nosso Senhor. Mas há casos comprovados em que o corpo de um homem (ou mulher) partilhou das torturas que Cristo sofreu quando crucificado, numa poderosa expressão tanto da união entre corpo e alma quanto da relação que existe entre o amor ardente de uma criatura por seu Criador e sua grata participação na imensidade de Suas dores.

São Bento compreendeu essa união tão profundamente, que, em sua Regra, ele insistia em enfatizar a importância de uma postura corporal reverente na vida religiosa. Faz diferença estar ajoelhado ou de pé, curvar-se ou não, sentar-se com as costas eretas ou deixar-se levar pela "lei da gravidade". Uma das coisas lamentáveis que

---

[149] Ct 2, 5.

ocorreram após o Vaticano II foi que todas essas manifestações de piedade ditas "exteriores", que se dirigem aos sentidos do corpo, foram abolidas. Imagens foram removidas de nossas igrejas; os panos violáceos que costumavam cobrir as imagens a partir do quinto domingo da Quaresma já não são mais usados. Foram eliminadas muitas formas exteriores de nos lembrarmos que estamos aqui na terra para servir a Deus, com todas as deploráveis consequências que já conhecemos. No país onde nasci, que costumava ser a Bélgica católica, não se podia dar um passeio pela bela floresta que rodeava a capital ou pelo campo sem avistar pequenas capelas dedicadas a Cristo, a sua Santa Mãe ou a algum santo. Era um lembrete constante de que a fé deve animar todas as nossas ações. O demônio é um mestre em psicologia e sabe exatamente quanto dependemos das percepções visuais para fortalecer nossa fé. A destruição dos sinais físicos da fé que movem nossa recepção afetiva certamente não foi ordenada pelos textos do Vaticano II. Mas quem é o culpado?

***

Defesa magnífica do corpo e da nobreza de sua relação com os sentimentos encontra-se no fato profundo da Ressurreição. Quão profundamente cristão é o dogma da ressurreição dos corpos! Ser humano é ser uma pessoa encarnada num corpo. Nada mais justo e apropriado que esse companheiro em nossa vida terrena partilhe da glória ou da ignomínia de nosso destino eterno. A alma humana é imortal e sobrevive à destruição do corpo; mas a integridade da natureza humana pede a ressurreição da carne. A alma pode existir sem o corpo, mas ela enviúva quando o corpo morre; e, a partir desse momento, aguarda ansiosa pelo momento em que novamente se poderá reunir a seu companheiro.

A conclusão que podemos tirar desta breve visão sobre os sentimento é que não se justifica considerar as mulheres inferiores partindo da constatação de que os sentimentos desempenham papel central em suas vidas. Se os sentimentos vibrando em seus corações são nobres, apropriados, bons, legítimos, sancionados por Deus e aprazíveis a Ele, então elas são jóias preciosas aos olhos de Deus.

PARTE VIII

O MISTÉRIO DO CORPO FEMININO

São Boaventura escreve que o mundo é como um livro que anuncia a grandiosidade do Criador, mas precisamos aprender a ler sua mensagem. Aquele que, pela graça, dominar tal arte descobrirá que a contemplação da criação enche a alma de alimento espiritual. Quem tiver os olhos bem abertos será capaz de decifrar a mensagem divina que emana da natureza inanimada, das plantas, dos animais, das nuvens, do céu. Pois tudo isso canta a glória do grande Rei. A beleza natural fala eloqüentemente sobre a Beleza do Criador que ela modestamente reflete. Tudo isso são pegadas (*vestigia*) de Cristo, conta-nos São Boaventura.[150] Depois de compreendida essa verdade, a exortação de São Paulo sobre a necessidade de estarmos todo o tempo em oração torna-se não só compreensível, mas mais fácil de seguir.[151] Pois tudo na criação fala de Deus; e é preciso estar disposto a abrir olhos e ouvidos. São Francisco de Sales exprimiu o mesmo pensamento: o nobre santo afirmou repetidas vezes que o cosmos é rico em analogias que elevam nossas mentes e almas do material ao espiritual, das coisas criadas ao Criador.[152]

A contemplação do corpo feminino também pode render ricos *insights* sobre a missão da mulher. A primeira coisa que vem à mente é que no corpo da mulher os órgãos íntimos não são visíveis. Todos estão "escondidos" dentro dela. Nisso ela claramente difere do homem. Esse fato está cheio de um rico simbolismo: o que fica escondido geralmente é algo misterioso, algo que deve ser protegido de olhares indiscretos. A própria estrutura do corpo feminino é como um jardim que deve ser guardado com zelo, pois as chaves desse jardim pertencem a Deus. Num

---

[150] São Boaventura, *The Mind's Road to God*, part I. Nova York: The Library of Liberal Arts, 1953, p. 8.

[151] Ts 5, 17.

[152] Cf.: também Dietrich von Hildebrand, *Transformation in Christ*, "Recollection and Contemplation", capítulo VI.

sentido especial, o jardim é propriedade d'Ele e deve ser mantido intocado até que Ele permita que a futura esposa dê ao futuro marido as chaves daquilo que no Cântico dos Cânticos é chamado de hortus conclusus, "horto selado".[153] Que bonito é quando, na noite de seu casamento, a jovem esposa pode dizer ao esposo: "Eu mantive este jardim imaculado para ti; agora que Deus recebeu os votos de que viveremos nossa vida conjugal diante d'Ele (*in conspectu Dei*), foi-me concedido dar-te as chaves deste jardim, e confio que hás de te aproximar dele com temor e tremor". Que triste é quando o jardim já foi espezinhado por pés impuros e devastado pela luxúria. O recém-casado deve-se lembrar de que, para penetrar esse recinto sagrado, ele precisa da permissão de Deus e de que deve fazê-lo com reverência e gratidão.

O caráter misterioso desse jardim é um emblema e uma repetição, uma figura, do maior evento que já ocorreu em toda a história: a Encarnação, quando Deus se fez homem, escondendo-se por nove meses no ventre da mais perfeita das criaturas, a Virgem Maria. O fato de que esse acontecimento foi encoberto por um silêncio ensurdecedor (São José sequer foi informado) é profundamente significativo. O mundo fora mudado para sempre, e ninguém sabia disso, exceto uma pobre Virgem. Os grandes acontecimentos mundanos são estrondosos; mas os mistérios de Deus são secretos e ocultos. É por isso que convinha que esse acontecimento avassalador fosse ocultado sob o silêncio sagrado.

Mas os órgãos femininos não são apenas "escondidos", são também velados. O véu simboliza tanto o mistério quanto a sacralidade. Quando Moisés desceu o Monte Sinai onde lhe fora permitido ouvir a voz de Deus, ele cobriu sua face como uma resposta apropriada ao tremendo privilégio que tivera. Nas igrejas católicas, o tabernáculo é

---

[153] Ct 4, 12.

coberto por um véu quando a hóstia divina está presente. Esse "véu" é tão essencial à feminilidade que Santo Agostinho escreveu que, mesmo quando uma menina é fruto de estupro, fornicação ou adultério, seu corpo pequenino não é privado dessa misteriosa cobertura.[154] O véu da virgindade é um privilégio feminino muito especial.

Em face da extraordinária dignidade que a virgindade adquiriu na vida cristã, a constituição biológica das mulheres indica que seus órgãos reprodutivos receberam um selo de sacralidade e pertencem a Deus de uma maneira especial. Por essa razão, a missão da mulher é ser a guardiã da pureza. Depois desse insight, fica mais fácil entender por que tradicionalmente uma mulher que peca contra o sexto mandamento é mais severamente reprovada do que um homem que peca contra o mesmo mandamento. A princípio, isso pode parecer um típico caso de injustiça, pois, diante de Deus, o pecado da fornicação ou o adultério são igualmente graves independentemente se foram praticados por um homem ou por uma mulher. Mas, quando nos damos conta de que a esfera da intimidade foi especialmente confiada às mulheres – que a elas cabe guardar a virtude da pureza –, a severidade da censura social torna-se mais compreensível. Quando uma missão particular é confiada a algumas pessoas e essas pessoas fracassam no cumprimento dela, isso cria uma desarmonia metafísica muito maior do que quando alguém que não recebeu esse chamado especial fracassa no mesmo. Ao trair esse chamado, elas se mancham de uma maneira específica. Embora graves injustiças tenham sido cometidas nesse domínio – quantas mulheres foram impiedosamente banidas da sociedade porque caíram, ao passo que homens foram freqüentemente isentados da culpa com o pretexto de estarem apenas fazendo suas "loucuras da juventude"! –, essa "injustiça" está

---

[154] Saint Augustine, *On Virginity*, X, 10. Paris: Desclée de Brouwer, 1939, III, p. 213.

enraizada num reconhecimento tácito de que as mulheres receberam uma missão especial. No fundo, a sociedade entende que a pureza das mulheres é peça-chave em qualquer sociedade cristã, e mais, em qualquer sociedade civilizada. Quando ela abandona sua missão, não ofende somente a Deus, mas, ferindo-se espiritualmente, ela fere toda a Igreja e a sociedade em geral.

A união de corpo e alma é, de algum modo, particularmente mais estreita num corpo feminino. Ela é "encarnada" no corpo de uma maneira especial. É por isso que, quando a mulher se dá, ela se dá por completo; quando ela se macula, a mácula é especialmente danosa. Mas o Catolicismo, rico em misericórdia e esperança, ensina-nos que Deus pode fazer todas as coisas novas. Embora "o tesouro de sua virgindade"[155] não possa ser recobrado depois de perdido, a misericórdia de Deus, em resposta às lágrimas de contrição, podem, contudo, elevar a pecadora e convertê-la em grande santa. Santa Maria Madalena vem-me à mente. O mesmo passou com Santa Margarida de Córtona.

Por outro lado, aqueles que foram protegidos pela graça de Deus devem agradecer-lhe humildemente. Devem dizer em seus corações: "Não a nós, Senhor, não a nós, mas ao Teu Nome seja a glória".[156] Ai da virgem cuja pureza é maculada pelo orgulho, ai daquela que se enche de um maligno regozijo por sua virgindade, que se sente "preciosa" e superior porque "é intocada", alimentando a falaciosa convicção de que sua "virtude" se deve a seu próprio mérito. As palavras de Cristo vêm então à mente: "[...] as prostitutas vos precederão no reino dos céus".[157]

**

---

155 William Shakespeare, *Sonho de uma noite de verão*, Ato II, Cena 1.
156 Sl 113.
157 Mt 21, 31.

Marido e mulher são chamados a colaborar com Deus na criação de um outro ser humano. Mas eles precisam se lembrar de que, sendo criaturas, eles só podem "procriar", não criar. Se o corpo do marido não tiver espermatozóides vivos, se o corpo da mulher não tiver óvulos, o processo de fertilização não poderá ocorrer. Certa matéria pré-existente não é só necessária, mas essencial para que a procriação se realize. Deus sozinho pode criar a alma, mas ela não pode se originar de apenas um dos pais. A alma não é feita de nenhuma matéria pré-existente. Ela é uma criação totalmente nova. Os seres humanos não são capazes de produzir algo a partir do nada.

O papel especial dado à mulher na procriação, como já foi dito anteriormente, é realçado pelo fato de que, logo que ela concebe (e a concepção ocorre horas depois do abraço marital), Deus cria a alma da nova criança no corpo dela. Isso implica um "contato" direto entre Ele e a futura mãe, um contato em que o pai não desempenha papel algum. Esse contato dá ao corpo feminino uma nota de sacralidade, pois qualquer proximidade entre Deus e uma de suas criaturas é marcada por seu Selo Sagrado. Esse "toque" divino é novamente um privilégio exclusivamente feminino que toda mulher grávida deve reconhecer com gratidão.

Se a educação sexual em nossas escolas se abstivesse de falar sobre perversões morais e de expor uma enormidade de métodos artificiais de controle de natalidade e, ao invés disso, ensinasse essas sublimes verdades católicas, a castidade tornaria a ser para os jovens o farol luminoso que foi por séculos, quando a vida católica era ainda vibrante.

O parto é também um acontecimento que goza de sacralidade. Embora as dores agonizantes que muitas mulheres suportam sejam uma terrível conseqüência do pecado original, a beleza do ensinamento da Igreja Católica deixa claro que seus esforços femininos e seus gritos de agonia, que precedem a chegada ao mundo de outra pessoa humana, têm um profundo sentido simbólico. Assim como Cristo sofreu as dores agonizantes da crucifixão para reabrir as portas dos céus para nós, assim também a mulher recebeu o rico privilégio de sofrer para que outra criança feita à imagem e semelhança de Deus possa entrar no mundo. Num contexto similar, Chesterton escreve: "Ninguém que contemple o valioso privilégio da mulher conseguirá acreditar na igualdade dos sexos".[158] Durante a gestação, a futura mãe carrega, na verdade, duas almas em si: a sua própria e a do bebê. Chesterton devia ter algo similar em mente quando escreveu que "nada jamais conseguirá superar essa tremenda superioridade de sexo que faz com que até o bebê do sexo masculino nasça mais perto da mãe que do pai".[159]

* * *

Nossa maior preocupação ao longo deste livro tem sido eliminar o preconceito de raízes profundas que afirma tolamente que toda a tradição judaico-cristã – e muito particularmente a Igreja Católica – vem discriminando as mulheres. Mas a mídia tem se mostrado tão eficiente em propagar esse novo "evangelho", que muitas freiras abandonaram os conventos e ingressaram no exército infeliz das mulheres cuja vocação é lutar contra o "sexismo" – um novo pecado capital, recentemente descoberto – que, aos olhos delas, é tão grave que outras ofensas a Deus parecem minúsculas diante dele. Aberrações trágicas como essa só são possíveis em almas cujo senso do sobrenatural foi pervertido, ou melhor, destruído.

---

[158] Chesterton, *op. cit.*, p. 192.
[159] *Ibid.*, p. 3.

O MISTÉRIO DA FEMINILIDADE

A MULHER É MAIS MISTERIOSA que seu companheiro do sexo masculino. No nível artístico, isso se expressa admiravelmente em uma das mais grandiosas pinturas, a Mona Lisa de Leonardo da Vinci. Pode-se olhar para essa obra de arte por horas; quanto mais se olha, mais se sente o mistério que essa presença feminina irradia. É inconcebível que um retrato de um homem seja capaz de expressar visivelmente uma profundidade tão imperscrutável. Por essa razão, os homens sempre reclamam que não conseguem "entender a psyche feminina". Por serem mais "lineares", mais guiados pelas considerações racionais, menos sutis, os homens precisam aprender a "transcender" a si mesmos para entrar numa comunhão profunda com as mulheres. As mulheres também precisam de um ato de transcendência similar para compreenderem a psyche masculina, mas para elas é provavelmente menos difícil fazê-lo. A mulher é, por natureza, mais receptiva, mais atenta aos outros. Ela tem mais facilidade em sentir empatia, em colocar-se no lugar dos outros.

Por essa razão é apropriado falar do "mistério da feminilidade". Esse mistério é simbolizado, como vimos, pelo véu; e essa pode ser uma das razões pelas quais São Paulo recomendou que as cabeças das mulheres fossem cobertas na igreja. É lamentável que esse costume de sentido tão profundo – que, longe de rebaixar as mulheres, como as feministas repetem ad nauseam, era uma maneira de honrá-las – tenha sido abandonado depois do Vaticano II, muito embora o fim do uso do véu não tenha sido de modo algum uma exigência do Concílio.

Dissemos que os órgãos reprodutivos da mulher estão escondidos em seu corpo; eles não são "exteriores", não são visíveis. Por essas muitas razões, é justificado dizer que o "segundo sexo" está envolvido em mistério;

quando as mulheres revelam o mistério confiado a elas, elas ferem não só a si mesmas, mas a sociedade em geral, e muito especialmente a Igreja. A pavorosa decadência sexual que testemunhamos ao longo dos últimos quarenta anos pode ser atribuída, ao menos em parte, à tentativa sistemática do mundo da moda de erradicar nas garotas o "sagrado acanhamento", que é a reação apropriada que as mulheres deveriam ter no que diz respeito ao que é pessoal, íntimo e precisa ser velado. Vestir-se modestamente é a resposta apropriada que as mulheres deveriam dar a esse "mistério". *Noblesse oblige*. As modas do dia são todas orquestradas para destruir na mulher a capacidade de perceber a dignidade de seu próprio sexo. Que profunda tristeza ver as garotas ocidentais andando por aí praticamente nuas e então as compararmos com a forma como as mulheres hindus ou muçulmanas vestem-se, com modéstia, graça e dignidade. Sem dúvida, alguma mente começou a propagar essas modas decadentes com o objetivo de destruir a modéstia feminina.[160] O estado de nossa sociedade contemporânea evidencia o seguinte fato: quando as mulheres "já não mais capazes de enrubescer" isso é um presságio de que essa sociedade está à beira de um colapso moral. As mulheres têm grande parte da culpa, pois estão traindo sua missão humana e moral. Quando as mulheres são puras, os homens as respeitam, e mais, as veneram; e elas os levam a ouvir o chamado que os desafia a viver a castidade.

A educação na modéstia deve começar desde cedo. Meninas ainda pequenas devem ser, pouco a pouco, treinadas a respeitar seus corpos. São Bento compreendia profundamente os efeitos que a postura corporal tem sobre a alma. Isso inclui o modo de se vestir, o modo de se assentar, não cruzar as pernas de uma maneira que possa

---

[160] *Congressional Record*, Volume 113, 1967, p. 28848-28849.

ser ofensiva, não vestir shorts que, embora aceitáveis para um homem, podem minar o respeito feminino pelo mistério de seu corpo.

É notável que, enquanto há missas especiais para apóstolos, papas, bispos, confessores, abades e mártires, para mulheres há apenas duas categorias: missas para virgens e não virgens; mártires e não mártires. A Santa Esposa de Cristo dedica uma liturgia especial às virgens. Ora, não existe privilégio similar para os sacerdotes celibatários. Ao fazê-lo, a Igreja confessa a dignidade especial que Deus escolheu dar às mulheres. Isso parece indicar que a virgindade difere do celibato. Embora tanto o celibato quanto a virgindade simbolizem uma auto-doação total a Deus, a virgindade traz uma virtude adicional: a consagração de um órgão (a saber, o ventre feminino) que, pela infinita misericórdia de Deus, abrigou o Deus-homem por nove meses. Quem sabe o fato de os órgãos femininos estarem ocultados por um véu fosse um presságio de que, nos planos de Deus, um ventre feminino haveria de esconder o Rei da Glória, "Aquele que o universo inteiro é incapaz de conter"?

Se as garotinhas fossem informadas do grande mistério a elas confiado, sua pureza estaria garantida. A própria reverência que elas teriam para com seus próprios corpos seria inevitavelmente percebida pelo outro sexo. Os homens são talentosos na arte de ler a linguagem corporal das mulheres, e é improvável que eles arriscassem ser humilhados se a recusa fosse certa. Ao perceber a modéstia das mulheres, eles, aproveitando a dica, abordariam o sexo feminino com reverência, ao invés de fazê-lo com esta irreverência brutal de hoje, que desencadeia luxúria e impureza.

***

O evangelho secularista ensina-nos que o sexo é um instinto que não difere em nada de outros instintos como a fome ou a sede.[161] A teoria corrente hoje é a de que, assim como estes últimos instintos bradam para serem satisfeitos, o "ímpeto" sexual tem seus próprios direitos, e o homem deve ouvir às necessidades dele e responder à sua mensagem. Os jovens freqüentemente escutam que o sexo é "saudável" e que reprimi-lo pode levar a toda a sorte de distúrbios psicológicos, complexos e coisas do tipo. Esse evangelho secularista pretende explicar por que, na seqüência do Vaticano II, muitos sacerdotes e freiras quebraram seus votos e se casaram. Alguns deles literalmente entraram em pânico ao descobrirem que, sendo virgens, eles seriam "psicologicamente" aleijados. Eles inocentemente acreditaram que haviam finalmente encontrado a solução para todos os seus problemas.

Na realidade, não é verdade que o sexo seja um instinto como a fome e a sede. O sexo não só é sempre profundo e sério (o que não pode ser dito de outros instintos), como foi feito definitivamente para servir à mais profunda das aspirações humanas: o amor. É só o amor que dá ao sexo seu verdadeiro sentido, e esse sentido permanecerá eternamente oculto para aquele que só consegue perceber seu aspecto biológico. A diferença radical entre o sexo e os outros instintos deveria ficar clara com o fato de que, no caso do sexo, outra pessoa está envolvida. A comida é inanimada, a bebida também. Mas no sexo o homem tem uma parceira, e essa parceira, sendo uma pessoa feita à imagem e semelhança de Deus, deve ser tratada com reverência. Quantas pessoas já terminaram profundamente feridas – às vezes pela vida toda – depois de descobrirem que estavam sendo usadas! Nós usamos a comida para satisfazer a fome, bebemos água para matar

---

161 Cf. Dietrich von Hildebrand, *Purity*, Steubenville, OH: Franciscan University of Steubenville Press, 1995, capítulo 1, p. 3.

a sede, conscientes do fato de que esses objetos inanimados estão a nosso serviço; eles estão aí "para nós". A água não é "amada" por si mesma; ela é um meio para satisfazer uma necessidade. Mas outro ser humano, como Kant claramente expressou, jamais deveria ser usado como um meio.[162] Por causa de sua dignidade como pessoa, o parceiro deveria ser tratado com reverência. Ele não é uma ferramenta; não é um brinquedo que dá prazer. Com essa simples consideração, já podemos compreender a seriedade da esfera sexual.

Além disso, como o sexo está relacionado a algo que não é apenas profundo, mas também íntimo, ele implica uma auto-revelação. Como está escrito no Genesis, "Adão conheceu Eva": essa é uma forma breve, mas eloqüente de dizer que, na mútua doação dos esposos, eles "revelam-se" de uma maneira ímpar. Essa auto-revelação só pode acontecer com a permissão expressa de Deus, pois nós pertencemos a Ele. Ao mesmo tempo, é uma auto-doação que, por sua própria natureza, exige um comprometimento total com outra pessoa, a pessoa à qual nos atamos no santo sacramento do matrimônio.

* * *

Por sua sacralidade e profundidade e porque a esfera sexual pertence a Deus de uma maneira especial, abusar dela é sempre algo grave. Ver a esfera sexual como "divertida" é uma profanação; e seu mau uso (quando todas as condições para o pecado estão presentes: pleno conhecimento e pleno consentimento) constitui um pecado mortal que nos separa radicalmente de Deus. Essa profanação torna-se ainda mais evidente quando recordamos que essa esfera está ligada à procriação – essa misteriosa colaboração entre os esposos e Deus na criação de um

---

162 Immanuel Kant, *Fundamental Principles of the Metaphysic of Morals*, Nova York: The Library of Liberal Arts, 1949, p. 46.

outro ser humano. Separar o amor da fecundidade que lhe é própria é plantar a semente que, por fim, irá destruí-lo. Não é por acidente que os casamentos em que o uso do controle artificial de natalidade é comum são aqueles que com maior freqüência fracassam.

As pessoas não conseguem viver sem um mínimo de comida e bebida. É fato que alguns místicos sobreviveram alimentando-se somente da Sagrada Eucaristia, mas eles eram alimentados de uma maneira milagrosa. Mas é uma mentira dizer que seres humanos tornam-se aleijados quando não têm uma vida sexual. Inumeráveis santos de ambos os sexos levaram vidas celibatárias ou mantiveram votos de virgindade e todos eles tinham personalidades radiantes e realizadas; muitos deles viveram até a velhice. Imaginemos quão burlesco e ridículo seria se subitamente um jovem que parecesse saudável caísse morto e o médico, ao realizar a autópsia do cadáver – conforme exigem as leis em certos estados –, depois de algumas horas de dissecação, declarasse que a causa da morte fora a virgindade! Todos sabemos que isso não faz o mínimo sentido. Por outro lado, todos nós conhecemos pessoas que morreram jovens porque abusaram do sexo e contraíram doenças que a imperdoável natureza vinculou a essas aberrações.

Já mencionamos várias vezes que todo pecado traz consigo sua punição. Além da possibilidade de contrair graves doenças, pessoas lascivas jamais experimentarão a verdadeira beleza de uma união sexual baseada no amor mútuo e vivida com respeito. Eles certamente experimentaram a violência venenosa da paixão e uma intensidade de prazer que, como Platão escreveu há séculos, ata a alma ao corpo.[163] Mas a doçura de uma auto-doação, alcançada com respeito e tremor, eles jamais terão.[164]

---

163 Platão, Fédon, XXXIII.
164 Santo Agostinho, Confissões, I, 12.

Esaú vendeu sua primogenitura por um prato de lentilhas. Indivíduos desafortunados como ele colocam a voracidade acima do amor. Assim como Freud devotou sua vida à esfera sexual e nunca conseguiu compreender seu sentido profundo, as pessoas cujo deus é o sexo jamais experimentarão o verdadeiro sentido e beleza do sexo. Como Alberich em O Anel dos Nibelungos, de Wagner, eles experimentarão a luxúria, mas, como punição, nunca poderão sentir a doçura do verdadeiro amor.

MATERNIDADE

ENQUANTO POUCOS HOMENS são chamados a se tornar sacerdotes, todas as mulheres, sem exceção, são chamadas a ser mães. O pio cardeal Mindzenty escreveu um livro sobre a maternidade que – graças à inspiração e ao exemplo dados a ele por sua santa mãe – contém as mais sublimes reflexões já escritas sobre o assunto. De fato, "a maternidade é a ternura de Deus".[165] A maternidade é o grande carisma feminino, que corresponde ao carisma do sacerdócio confiado a alguns homens. Deus decidiu que esses dois carismas não seriam compatíveis.

Em seu livro A mulher eterna, Gertrud von le Fort escreve: "Ser mãe, ter o sentido maternal, significa voltar-se especialmente para os mais necessitados, debruçar-se amável e caridosamente sobre cada coisa pequena e fraca sobre a face da terra".[166] Desde a legalização do aborto, tem-se realizado uma obra diabólica: a destruição do senso de sacralidade da maternidade nessas trágicas mulheres que vêm permitindo o assassinato de seus bebês. O aborto não mata apena bebês inocentes; ele também mata espiritualmente as mulheres que o praticam. Aqueles que dedicam seu caridoso cuidado às mulheres vítimas de nossa sociedade decadente sabem que as feridas que um aborto deixa em suas almas são tão profundas que só a graça de Deus é capaz de curá-las. Pois a própria alma da mulher foi feita para ser maternal. E quando esse chamado é menosprezado, a mulher torna-se "assexuada"; padece de uma "doença mortal". A maternidade é um chamado sublime e, embora o coração ingrato do homem muitas vezes se esqueça dos sofrimentos por que sua mãe teve de passar para trazê-lo ao mundo e da contínua dedicação

---

165 Evdokimov, *op. cit.*, p. 162.
166 Von Le Fort, *op. cit.*, p. 78.

empregada em sua educação, é sabido que, quando um homem se encontra com a morte no campo de batalha, suas últimas palavras e seus últimos pensamentos são freqüentemente dirigidos a sua mãe. Os soldados quando morrem gritam por suas mães.[167]

---

[167] Cf. Gereon Goldman, *On the Shadows of His Wings*. San Francisco, Ignatius Press, 199, p. 104-105. Ver também: Eugenio Corti, *The Red Horse*. San Francisco, Ignatius Press, 2000, p. 255.

PARTE IX

MARIA E O SEXO FEMININO

O PRIVILÉGIO DE SER MULHER é particularmente realçado pelo fato de que Maria – a mais perfeita das criaturas – era uma mulher. Toda criança do sexo feminino, como a Virgem Maria, nasce com um véu misterioso escondendo seus órgãos femininos. Toda mulher tem um ventre; e isso é um privilégio, pois foi num ventre feminino que o Salvador do mundo se abrigou. Toda mulher tem seios e toda mulher deveria meditar sobre o fato de que o Rei do Universo foi amamentado pela mais santa das criaturas. Toda mãe, ao amamentar seu filho, está fazendo exatamente o mesmo que Maria fez em Belém, no Egito, em Nazaré há séculos atrás. Como sua natureza feminina cria um profundo laço entre a mulher e a Virgem Maria, a mulher é chamada a imitar as virtudes marianas; em primeiro lugar, sua radiante humildade. Santo Agostinho conta-nos que encontrou algumas virtudes admiráveis entre os pagãos (pensemos em Sócrates, por exemplo), mas nunca encontrou um pagão que possuísse a virtude da humildade.[168] A razão é que essa virtude só é possível no plano sobrenatural; não é acessível àqueles cuja perspectiva limita-se à ética natural. O humilde receia ser chamado humilde e chega a sofrer quando alguém o louva por possuir essa virtude elusiva. O orgulhoso, ao contrário, adora ouvir sua "humildade" louvada e deleita-se com o elogio. Enquanto nos compararmos com outros seres humanos – seja em características físicas, intelectuais ou espirituais – sempre haveremos de encontrar alguém "pior" do que nós. Consolamo-nos facilmente por nossa falta de talentos apontando alguém ainda mais carente de talentos do que nós. Todos nós conhecemos pessoas feias que, ainda assim, se divertem apontando a feiura ainda maior daqueles cujos "dotes" são ainda mais "débeis" que os seus.

---

168 Santo Agostinho, *Commentary on the Psalms* (Psalm 31), Volume II. Nova York: Newman Press, 1961, p. 87.

A humildade, contudo, abstém-se de fazer comparações meramente humanas. Essa virtude ensina-nos a nos colocarmos nus diante do Criador, o infinitamente perfeito e Santo. Tal confrontação deve levar-nos a nos colocarmos de joelhos e forçar-nos a perceber que não somos "nada senão pó e cinzas", como disse Abraão quando implorou a Deus que poupasse Sodoma e Gomorra. É inimaginável que alguém consiga pôr-se diante do único e verdadeiro Deus e ainda assim persistir na ilusão de que é uma pessoa notável. Todos os dons que possuímos vieram de Deus; por nós mesmos, não somos nada e cairíamos na inexistência se a mão de Deus não sustentasse nossa existência através do concursus divinus (cooperação divina). Essa confrontação entre Deus e homem pode ser terrível e levar-nos ao desespero metafísico (recordemos o grito de São Pedro: "Afasta-te de mim, Senhor, pois sou pecador").[169] Mas o reconhecimento de nossa insignificância deve caminhar lado a lado com a consciência de que Deus, infinitamente bom e misericordioso, ama suas criaturas, esses pobres mendigos que Ele converteu em armados cavaleiros quando os fez a sua imagem e semelhança. No momento em que o homem percebe tanto sua miséria quanto sua dignidade, a consciência de que é amado traz-lhe uma alegria tão avassaladora, que ele, convenientemente, prefere não ser nada, pois Aquele que o ama e que ele aprendeu a amar é tudo.[170] Uma esposa amorosa exulta ao admitir a superioridade de seu esposo. Que alegria contemplar as perfeições daquele que amamos! Que alegria cantar um hino de gratidão porque este maravilhoso Ser dignou-se amar-nos. Todos os santos deleitaram-se ao declararem sua própria insignificância e sua confiança em que "Ele pode fazer grandes coisas" em nós.

---

169 Lc 5, 8.
170 Pascal, *Pensées, texte de Léon Brunschvicg; introduction par Emile Faguet.* Paris: Nelson, 1949, p. 416.

Essa é a primeira grande lição que Maria nos ensina: sua resposta ao incomensurável presente que Deus lhe deu é o *Magnificat*. Ao receber a mensagem de que Deus a havia escolhido como o tabernáculo em que Seu Divino Filho se encarnaria, ela demonstrou surpresa. A graça confiada a ela era algo de que não se sentia digna. Além disso, ela era virgem: como uma virgem poderia tornar-se mãe? Mas, ao receber a garantia de que o Espírito Santo a cobriria, ela humildemente declarou-se serva do Senhor e atualizou o carisma feminino da receptividade ao dizer: "faça-se em mim segundo Vossa Palavra". Sabendo que essa santa gravidez preocuparia São José, que não conhecia o imenso presente que a noiva recebera, ela depositou toda a confiança em Deus, pois sabia que Ele protegeria a honra daquela que Ele havia escolhido. Sua fé não conhecia limites. Mais tarde, foi-lhe dito que seu coração seria trespassado por uma espada e ela recebeu uma premonição de que compartilharia a paixão do Filho. Nisso sua vida ecoa as palavras do livro das Lamentações: "Ó vós todos, que passais pelo caminho: olhai e julgai se há dor igual à minha";[171] e também em Isaías: "Desviai de mim a vista e chorarei amargamente: não vos canseis mais em consolar-me".[172] Ela está sempre em oração, silenciosa, recolhida, terna; aparentemente no segundo plano, mas na verdade gloriosamente no primeiro, graças à sua maternidade.

***

Somente ela combina os dois privilégios dados unicamente às mulheres: virgindade e maternidade. Por sua virgindade, ela testemunha sua doação total a seu Deus e Criador. Ela sabe que o jardim misterioso de seu ventre deve ser mantido intocado pelo homem, de forma que o

---

171 Lm 1, 12.
172 Is 22,4.

véu de sua virgindade não esteve intacto somente antes da concepção de Cristo, mas assim permaneceu até depois de Seu nascimento; pois ninguém mais era digno de habitar o local sagrado onde Ele encontrou um refúgio humano durante nove meses. As demais mulheres, contudo, têm de escolher entre a maternidade biológica e a virgindade. Ambos os chamados são magníficos, mas não são conciliáveis. Assim como o sacerdócio e a maternidade não podem ver-se unidos em uma mesma pessoa, Deus também decidiu que a maternidade biológica e a virgindade não poderiam unir-se. Ele faz uma única exceção: para a doce mãe de Seu Filho. "Bendita sois e venerável, ó Virgem Maria, que sem mácula concebestes e destes à luz o Salvador. Ó Virgem Mãe de Deus, Aquele que o mundo inteiro não pode conter, em vosso ventre se encerrou para se fazer homem".[173]

***

Mas a virgindade e a maternidade de Maria também manifestam a imensa fecundidade espiritual da virgindade. A virgem que se consagra a Deus em uma doação total não é nem pode permanecer estéril. Ela também é chamada a ser mãe, mas sua maternidade é de natureza espiritual e, por essa razão, está aberta para o mundo. Uma mãe biológica pode, em casos excepcionais, dar à luz vinte e quatro filhos – Santa Catarina de Sena era a vigésima quarta filha de Lapa. Uma virgem consagrada é chamada a ser mãe de milhões de almas cujos sofrimentos ela carrega no coração e as quais ela espera dar à luz da vida eterna. Paul Evdokimov escreve: *La femme tient avant tout ce charisme maternel d'enfanter le Christ dans les âmes des hommes* (A mulher tem, acima de tudo, esse carisma maternal de dar à luz o Cristo nas almas dos homens).[174]

---

173 *Graduale* da Missa Festiva do Santíssimo Nome de Maria.
174 Evdokimov, *op. cit.*, p. 220.

* * *

Maria é a única criatura que aceitou incondicionalmente sua condição de criatura com todas as limitações e fraquezas, na confiança de que o Senhor, que olhou para a humildade de Sua serva, realizaria grandes coisas em sua alma. Aquelas mulheres que são continuamente consideradas "fracas" encontram em Maria seu especial título de glória. Quão doce é ser fraca quando se é conduzida pelo Deus Todo-poderoso e pleno de amor, que pode fazer todas as coisas! Que essa "fraqueza", essa suavidade e essa fragilidade (ela é chamada na liturgia de "humilde das humildes") são transfiguradas pela graça, isso se vê poderosamente expressado na liturgia em que a doce flor de Nazaré é mencionada como "um exército em ordem de batalha".[175] Maria deve ser "temível como um exército com seus estandartes".[176]

> Deus não fez ou formou senão uma inimizade. Mas foi uma inimizade irreconciliável: entre Maria, Sua digna mãe, e o demônio; entre os filhos e servos da virgem bendita e os filhos e instrumentos de Lúcifer. Satã tem mais medo de Maria do que dos homens e anjos e, em certo sentido, do que do próprio Deus. Não é que a ira, a fúria e o poder de Deus não sejam infinitamente maiores que aqueles da Virgem Maria, pois as perfeições de Maria são limitadas. Mas isso se dá porque Satã, por ser orgulhoso, sofre infinitamente mais ao ser açoitado e punido por uma pequena e humilde serva do Senhor; a humildade dela humilha-o ainda mais que o poder divino. Os demônios temem mais um olhar que ela lança sobre uma alma do que as orações de todos os santos; e uma ameaça de Maria contra eles, temem-na mais do a que todos os outros tormentos.[177]

---

[175] Ct 6, 3.
[176] Ct 6, 4.
[177] Guéranger, *op. cit.*, p. 205.

Nenhum outro ser humano recebeu tamanho poder, pois não houve nenhum outro ser humano tão ávido por amar e servir. A liturgia do sábado que antecede o quarto domingo de setembro traz esta admirável oração: *Adonai, Domine, Deus magne et mirabilis, que dedisti salutem in manu feminae, exaudi preces servorum tuorum* (Ó Adonai, Senhor, Deus grande e maravilhoso, que nos deste a salvação pelas mãos de uma mulher, ouvi as orações dos teus servos). Essa disposição a dar tudo e esse sentir-se privilegiada ao fazê-lo explica por que Maria é aquela "que refuta todas as heresias". Padres da Igreja, Doutores da Igreja e teólogos verdadeiramente católicos são chamados a defender a ortodoxia católica. Mas é a simples Virgem de Nazaré quem refuta todos os erros que o inimigo do homem continua difundindo – algumas vezes até mesmo através dos próprios teólogos, sacerdotes e de outros que receberam a missão especial de defender a verdade revelada. "Mas que mistério que a humanidade, pobre e fraca, inferior aos anjos por natureza, tenha sido escolhida para dar aos anjos seu rei e sua rainha".[178] Toda mulher deveria vibrar de gratidão aos ler estas palavras que destacam tão poderosamente a dignidade que, por meio de Maria, receberam na economia da redenção.

* * *

O perfume da pureza de Maria atraiu inúmeras almas, ansiosas por oferecer a Deus "o tesouro de sua virgindade".[179] Ela revelou ao "sexo frágil" a grandeza e sublimidade da feminilidade. À luz de tudo o que foi dito, deveria espantar-nos o fato de as feministas terem conseguido convencer tantas mulheres de que a Igreja Católica Romana é sexista e despreza as mulheres. Na verdade, passa-se o contrário. A Igreja exaltou a condição

---

178 *Ibid.*, p. 169.
179 Shakespeare, *op. cit.*, Ato II, cena 1.

das mulheres de uma maneira única, e o fato de elas não terem nenhum "poder" dentro da Igreja é, mais uma vez, um indício do amor especial de Deus pelo sexo "frágil". É mais seguro obedecer do que mandar; e a única pessoa verdadeiramente digna de ser líder é, não só aquela que aprendeu a obedecer, mas aquela que preferia obedecer, e só com muita relutância – na cruz – aceitou dar ordens. Essa é uma verdade repetida constantemente pela Igreja. Romano Guardini escreve:

> O Cristianismo sempre colocou a vida que luta pela verdade interior e pelo máximo amor acima do propósito de uma ação exterior, mesmo a mais corajosa e excelente. Ela sempre considerou o silêncio mais elevado que as palavras, a pureza de intenção mais elevada que o sucesso, a magnanimidade do amor mais elevada que o resultado do trabalho.[180]

A maior das vitórias foi alcançada no Calvário no momento em que parecia dar-se a derrota derradeira, com a morte d'Aquele que foi obediente até a morte.

Contarei uma pequena história: há muitos anos, um jovem judeu, aluno de meu marido, sentiu-se chamado à Igreja. Ele fez-se monge cartuxo e, depois de ter recebido a formação no Grande Chartreuse e passado algum tempo na Inglaterra, foi enviado aos Estados Unidos para o primeiro mosteiro do país. Ele foi feito prior e reeleito todas as vezes em que havia votação para novo prior, isso durante vinte e cinco anos. Um dia, eu recebi uma carta dele, informando-me que – depois de uma reunião em Grande Chartreuse – fora decidido por unanimidade que, quando um superior chegasse a certa idade e tivesse exercido o cargo de superior por muitos anos, ele não deveria mais ser reeleito. Ele terminou sua breve nota dizendo: "Finalmente poderei tornar a ser um verdadeiro cartuxo e obeceder". Essa é uma vitória do sobrenatural.

---

[180] Romano Guardini, *The Lord*. Chicago: Regency, 1954, p. 194.

Convém terminar essa breve obra dedicada à beleza da feminilidade lembrando que a arte pagã em vários países honrou a genitália masculina e desenvolveu um culto fálico que ainda se pode ver em monumentos e esculturas. Logo que a Igreja ganhou ascendência, ela empreendeu uma guerra implacável contra essa aberração. E apresentou aos homens uma oração, repetida milhões de vezes por dia ao longo dos séculos, na qual o órgão feminino por excelência – o ventre – é exaltado. "Bendito é o fruto do vosso Ventre, Jesus".

De fato, é um privilégio ser mulher.

FICHA CATALOGRÁFICA

Hildebrand, Alice von

O privilégio de ser mulher / Dr. Alice von Hildebrand; tradução de Luiza Dutra – Campinas, SP: Ecclesiae 2013.

Título Original: *The privilege of being a woman*

ISBN: 978-85-63160-591

1. Mulheres na Igreja 2. Feminismo
I. Dr. Alice von Hildebrand II. Título.

CDD – 270.082

Índices para catálogo sistemático:
1. Mulheres na Igreja – 270.082
2. Feminismo – 305.42

Este livro foi impresso pela Ferrari Daiko. Os tipos usados são da família Sabon. O miolo foi feito com papel chambrill avena 80g, e a capa com cartão triplex 250g.